蔣偉男　編著

學苑出版社

里耶秦簡文字編

第壹冊

國家社科基金重大招標項目「漢字發展通史」
（11&ZD126）階段成果之一

凡例

一、本編收錄里耶秦簡圖版取自《里耶秦簡（壹）》、《里耶秦簡博物館藏秦簡》。其中第五、六、八層簡牘取自《里耶秦簡（壹）》，其他各層取自《里耶秦簡博物館藏秦簡》。

二、本編中《里耶秦簡（壹）》原書所附釋文簡稱《釋文》，《里耶秦簡校釋（第一卷）》簡稱《校釋》，《里耶秦簡博物館藏秦簡》所附釋文校訂簡稱《博物館校訂》。

三、本編內容分正編、附錄兩部份。正編十四卷，字頭按大徐本《說文解字》順序排列，隸定用與《說文》正篆相同的寫法，不用古籀文、或體等，如「其」字頭爲「箕」、「原」字頭爲「厵」。此類情況在相應條目下加按語說明。爲便於檢索，不列爲字頭的古文、籀文、或體如「其」、「原」等也收入《筆劃檢字表》中，外加「（）」以示區別。正編字頭下接《說文》篆字與字頭序號。《說文》新附字衹出序號，不出篆字。不見於《說文》的字衹出序號並按筆畫多寡順序排列，附於相應部首之後。

四、正編字形圖片下接簡牘編號及辭例。爲體現學界已有研究成果，編號、辭例採自本編所附《里耶秦簡釋文》。辭例力求簡潔，部份簡文學界存有不同釋法，本編均在辭例之下以按語形式給出相關釋讀意見，供讀者參考。辭例或涉及人名、地名、字詞通假及其他需說明之處，亦出按語。

五、《附錄》包括《里耶秦簡釋文》、《合文》、《疑難字》、《符號》、《圖案》、《簡首涂墨統計表》等。

六、《里耶秦簡釋文》包括《里耶秦簡（壹）》、《里耶秦簡博物館藏秦簡》所收全部簡牘的釋文，依原簡行款隸寫。部份簡文單行過長，釋文則分行隸寫，並在分行的釋文之後加「（A）」表示此行簡文與前一行在原簡中是同一行。簡文如有缺字及疑難字，以「□」表示，一「□」爲一字；辭例殘斷以「☒」表示；簡文模糊難以確定字數以「……」表示，假借字之後用「（）」給出本字；訛誤字之後用「〈〉」給出正確的字；據殘存筆畫而補的字外加「【】」表示。重文、合文徑直寫出，不一一標明。原簡中的鈎識符號等一般不予保留；文字間的空白長短或不一，一律空兩個字位。

七、《里耶秦簡釋文》以《釋文》、《校釋》、《博物館校訂》爲基礎，並吸收學界有關釋字、綴合等研究成果。凡可綴合的簡牘，釋文集中隸寫在編號最小的簡牘位置上，編號之間用「+」連接，其他的綴合簡支在序號處標明其已綴合至某簡。

八、《疑難字》收錄尚未被確釋且相對完整清晰的字形，按簡牘編號大小排列，圖版模糊不可識、字跡殘泐嚴重的字形及筆劃不收。

九、書末附《部首檢字表》、《拼音檢字表》。

十、本書所收的相關研究論著成果，截止於2017年8月。限於體例，正文辭例、附錄釋文所採各家說法未一一注明，而統一在參考文獻中體現，祈請學者原諒。

前言

2002年，湖南龍山里耶古城遺址一號井在考古發掘中出土了大量簡牘，十八個堆積層中總共出土簡牘超過三萬八千餘枚。2005年12月，遺址北護城壕十一號坑中又出土了五十一枚簡牘。[一] 這批簡牘雖包括少量帶有楚系文字風格的簡支，然其絕大多數爲秦代簡牘，故學界通常稱之爲「里耶秦簡」或「里耶簡」。[二] 其數量遠超過去所出秦簡的總和。

里耶秦簡的內容以秦代遷陵縣等地的公文檔案爲主，涉及當時的經濟、法律、徭役、地方官制、行政區劃等各項制度內容。年代跨度自始皇帝二十五年（前222年）至二世二年（前208

[一] 湖南省文物考古研究所：《里耶秦簡（壹）》，北京：文物出版社，2012年1月，第1頁。

[二] 目前公佈的材料中，僅堆積層第五層出土的編號為第4、5、7、8、9、10、33等幾枚簡文帶有明顯的楚系文字風格。

年）。[一] 這些公文檔案的形式種類十分豐富，據統計有十大類二十一小類，[二] 從不同層面重現了秦代遷陵縣的社會面貌，「可以使我們了解秦王朝的具體運作」，「可知秦政權嚴格而高效的管理制度」。[三] 此外還有醫方、輿地、數學、農事等各類社會生活材料。其內容之豐富、數量之龐大世所罕見，價值之重大難以估量。

目前里耶秦簡的刊佈情況大致如下：

《文物》2003 年第 1 期發表《湖南龍山里耶戰國——秦代古城一號井發掘簡報》，公佈了一號井五、六、八、九、十二、十六等堆積層出土的三十餘枚簡牘的圖版與釋文。

2012 年初，湖南省文物考古研究所編《里耶秦簡（壹）》出版。該書著錄了里耶秦簡第五、

〔一〕湖南省文物考古研究所：《里耶秦簡（壹）》，北京：文物出版社，2012 年 1 月，第 4 頁。

〔二〕湖南省文物考古研究所：《里耶秦簡（壹）》，北京：文物出版社，2012 年 1 月，第 2 頁。

〔三〕湖南省文物考古研究所等：《湖南龍山里耶戰國——秦代古城一號井發掘簡報》，《文物》2003 年第 1 期，第 35 頁。

六、八三個堆積層出土的全部簡牘，共計2627枚，書後附有所收簡牘的釋文，使學界得窺里耶秦簡的基本面貌。

同年初，陳偉主編的《里耶秦簡校釋（第一卷）》（以下簡稱《校釋》）出版，〔一〕該書吸收當時學界有關研究成果，對《里耶秦簡（壹）》著錄簡牘進行了系統考釋與研究，是研讀里耶秦簡的重要資料。

2013年，由宋少華等編著的《湖南出土簡牘選編》出版，〔二〕該書著錄第五至十七層的出土簡支436枚，其中第七、九、十六等層的部份簡牘爲最新刊佈。2016年6月，《里耶秦簡博物館藏秦簡》出版，〔三〕該書刊佈了里耶秦簡博物館所藏的里耶秦簡，其中包含一號井第五至十七

〔一〕陳　偉主編：《秦簡牘合集》，武昌：武漢大學出版社，2014年12月。

〔二〕宋少華、張春龍、鄭曙斌、黃朴華編著：《湖南出土簡牘選編》，長沙：嶽麓書社，2013年6月。

〔三〕里耶秦簡博物館、出土文獻與中國古代文明研究協同創新中心中國人民大學中心編著：《里耶秦簡博物館藏秦簡》，上海：中西書局，2016年6月。

層的部份簡牘，總數逾200餘枚。其中五、六、八層簡牘全部見於《里耶秦簡（壹）》，其他絕大部份簡牘也已在此前的《湖南龍山里耶戰國——秦代古城一號井發掘簡報》、《湖南出土簡牘選編》等文章、著錄書中發表過，但此次《里耶秦簡博物館藏秦簡》著錄圖版更加清晰，所附《里耶秦簡博物館藏秦簡釋文校訂》則吸收了最新的有關研究成果，後出轉精。

隨著材料的陸續公佈，學者們就里耶秦簡所涉及的法律制度、語言文字等諸多問題展開了多角度的研究，可謂成果豐碩。

里耶秦簡作爲文字材料，體量巨大、內容豐富，釐清其文字使用的面貌，無疑是展開相關研究的基礎工作之一。在學者們的努力之下，里耶秦簡中相當多的疑難文字都得到了很好的考釋，部份殘斷簡支經過綴合也都文義昭暢，可資研究。

自睡虎地秦簡出土以來，秦系簡牘文字的出土資料已然蔚爲大觀，秦系簡牘文字材料已有十一批。其中既包括睡虎地秦簡、關沮秦簡、王家臺秦簡等考古發掘材料，也包括岳麓書院藏秦簡、北京大學藏秦簡等非考古發掘材料。相關的字編類工具書已有多種，其中方勇的《秦簡牘文字編》、王輝的《秦文字編》，黃德寬主編、單曉偉編著的《秦文字字形表》，都是對秦系

文字搜羅較爲全面的字編類工具書。

文字編、字表類工具書的編纂，一直都是古文字材料研究的基礎工作之一。黄德寬師指出：「字形表的編纂雖然衹是從形體結構對某一時代的文字狀況進行全面清理，並不是斷代研究的全部，但無疑卻是最基礎性的工作。」[一] 循此思路，對里耶秦簡這樣體量巨大的專門材料進行全面的文字清理，對里耶秦簡的研究乃至對秦系文字的研究都無疑是十分必要的。

然而自《里耶秦簡（壹）》公佈以來，未見專門的字編類工具書。有感於此，2015 年筆者以「里耶秦簡（壹）文字編」作爲碩士畢業論文的題目，嘗試將《里耶秦簡（壹）》所著錄的簡牘文字進行全面清理。[二] 由於篇幅和時間所限，包括辭例、通假、綴合等很多有價值的簡牘信息最終在論文中未能得到很好的體現。

近兩三年來，隨著《里耶秦簡博物館藏秦簡》出版，以及學界在里耶秦簡綴合、文字考釋取

〔一〕黄德寬主編、單曉偉編著：《秦文字字形表》，上海：上海古籍出版社，2017年10月，第2～3頁。

〔二〕蔣偉男：《〈里耶秦簡〉（壹）文字編》，安徽大學，碩士學位論文，2015年。指導教師：徐在國。

得了很多新的進展，我們設想在《〈里耶秦簡（壹）〉文字編》基礎之上，吸收新近公佈的材料及學界最新研究成果，增改出一個能夠較爲全面反映已見里耶秦簡的文字面貌的字編類工具書。

經過兩年時間陸續的補充、調整、修改，文字編終于付梓出版了。令人欣慰的是，付梓出版的里耶秦簡文字編與 2015 年的論文《〈里耶秦簡（壹）〉文字編》有了明顯的提升：嚴謹、全面、豐富、準確。

以下就本字編主要內容略加說明：

第一，收錄材料。本字編收錄的材料包括《里耶秦簡（壹）》著錄的五、六、八層簡牘，《里耶秦簡博物館藏秦簡》著錄的除五、六、八層以外的其他層位的簡牘，總數超過 3000 枚，基本涵蓋了目前所見的里耶秦簡。

第二，字頭部份。通過對上述里耶秦簡所見文字進行全面清理與統計，收錄已見里耶秦簡中所見的單字字頭總計 1540 個。其中不少字爲新見字，豐富了秦文字的單字總數。

第三，圖版部份。本字編所採用的圖版均爲高清掃描，剪切處理後，字形真實清晰。然而也有

一些圖版原本質量欠佳，或簡支殘泐嚴重，或字跡太過細小，好在出版社排版時細心再三，處理得法，字形之清晰效果也不錯。

由於里耶秦簡數量龐大，部份常用字的字形甚多，故本編採用全面性與代表性相結合的原則選收相關字形。具體來說，單字字形較多的常用字主要選收各個層位形體清晰、構型特殊及辭例用法典型的字形。非常用字及出現頻率較低的常用字則不論清晰完整與否皆加收錄，以求其全。

第四，辭例部份。論文《〈里耶秦簡（壹）〉文字編》並未附加辭例，本字編於圖版後皆附上相關辭例，便於讀者了解所收字的具體用法。力求字形清晰、形體類型完整與字詞用法相兼顧。辭例務求吸收學界的最新研究成果，力求簡潔明了。

第五，按語部份。文中需要說明之處，皆在相應圖版或辭例之後添加按語。主要用以提示學界對疑難文字的討論意見，以及說明簡文人名、地名、訛誤、通假等現象，以便讀者。

第六，附錄部份。附錄部份包括《里耶秦簡釋文》、《疑難字》、《合文》等內容，此外還統計整理了里耶秦簡中一些較有特點的內容，如簡首塗墨、簡牘所繪圖案等。其主要部份是《里

耶秦簡釋文》，我們在《里耶秦簡（壹）》、《校釋》、《里耶秦簡博物館藏秦簡》的釋文基礎之上，全面吸收學界的釋讀、綴合成果，給出了里耶秦簡的最新釋文，略可爲學者有關研究帶來便利。

目前公佈的里耶秦簡，僅僅是其總數的一小部份，尚待公佈的材料中肯定還有很多的新字形、新用法，肯定也有很多新問題等待學界去研究討論。未來伴隨里耶秦簡新內容的公佈，我們也希望有機會能對本字編進行後續的充實與完善。限於學力，本字編肯定還有很多疏漏與錯誤，衷心希望能得到讀者的批評指正。

《里耶秦簡文字編》總目錄

《里耶秦簡文字編》正編目錄

卷一上

一部　一（一）　元（二）　天（二）　吏（二）
丄部　上（三）　帝（三）　旁（三）　下（四）
示部　禮（五）　祿（六）　福（六）　祠（七）
　　　禁（七）
三部　三（七）
王部　王（八）　皇（八）
玉部　環（九）　瑕（一〇）　瑣（一〇）　琅（一〇）
气部　气（一一）
士部　士（一一）　壯（一一）

蓐部

茻部

卷二上

小部

八部

釆部

半部

牛部

步部

步（五七）
歲（五七）

此部

此（五八）

卷二下

正部

正（五九）
乏（五九）

是部

是（六〇）

辵部

辵（六〇）
⿺辶土（六〇）
隨（六一）
適（六一）
過（六二）
進（六三）
造（六三）
遝（六三）
速（六四）
逆（六五）
逢（六五）
通（六五）
⿺辶止（六六）
遷（六六）
運（六七）
迗（六七）
遣（六八）
逮（六八）
避（六九）
連（六九）
遺（六九）
遂（七〇）
追（七〇）
逐（七一）
近（七一）
遏（七一）
遠（七二）
道（七二）
邉（七三）
逌（七三）
⿺辶枼（七三）

彳部
德（七三） 徑（七四） 復（七四） 往（七五）
彼（七五） 微（七六） 循（七六） 徐（七七）
待（七八） 後（七八） 得（七八） 律（七九）
御（七九） 㣵（八〇）

廴部
廷（八〇） 建（八〇）

延部
延（八一）

行部
行（八一） 衛（八二） 衞（八三）

齒部
齒（八三） 齮（八四） 齰（八四）

足部
足（八五） 踐（八五） 踵（八六） 路（八六）

品部
品（八六） 喿（八七）

冊部
扁（八七）

卷三上

㗊部
器（八九）

干部
干（九〇）

㕯部
矞（九〇）
商（九〇）

句部
笱（九〇）
鉤（九一）

丩部
糾（九一）

十部
十（九一）
丈（九一）
千（九二）
廿（九三）

卅部
卅（九三）
卌（九三）

言部
言（九四）
談（九四）
謂（九五）
請（九五）
謁（九六）
許（九七）
讎（九七）
諸（九七）
讀（九八）
誨（九八）
謀（九八）
論（九八）
識（九九）
訊（九九）
謹（一〇〇）
信（一〇一）
誠（一〇一）
詔（一〇二）
課（一〇二）
試（一〇三）
說（一〇三）
計（一〇四）
護（一〇五）
誧（一〇五）
謝（一〇五）
詣（一〇五）
謄（一〇六）
譊（一〇六）
謷（一〇七）
詑（一〇七）
謾（一〇七）
詐（一〇七）
䜌（一〇八）
誤（一〇八）
訾（一〇九）
讐（一一〇）

譴（一一〇）　諯（一一〇）　詰（一一一）　詘（一一一）
謏（一一二）　診（一一二）　詬（一一三）　諜（一一三）
譓（一一三）

誩部
譱（一一三）　競（一一四）

音部
音（一一四）　章（一一四）

辛部
童（一一五）　妾（一一六）

業部
僕（一一六）

収部
丞（一一七）　戒（一一七）　兵（一一七）　龏（一一八）
弈（一一八）　具（一一八）　奐（一一九）

共部
共（一一九）

異部
異（一一九）

舁部
與（一二〇）　興（一二〇）

𦥑部
叟（一二一）

晨部
農（一二一）

卷三下

革部
革（一二三）
鞮（一二三）
鞠（一二三）
鞏（一二四）
鞅（一二四）
鞥（一二四）
鞫（一二四）
䰜部
鬻（一二五）
䰜（一二五）
爪部
爲（一二五）
丮部
鞹（一二六）
又部
又（一二六）
父（一二七）
曼（一二七）
夬（一二八）
及（一二八）
反（一二九）
叔（一三〇）
取（一三〇）
叚（一三一）
友（一三一）
度（一三二）
史部
史（一三二）
事（一三三）
支部
支（一三三）
聿部
聿（一三三）
筆（一三四）
書（一三四）
畫部
畫（一三四）

隶部

隸（一三五）

臤部

臤（一三五）　豎（一三五）

臣部

臣（一三六）　臧（一三六）

殳部

㲄（一三七）　殿（一三八）　毆（一三九）　段（一三九）
役（一四〇）

寸部

寸（一四〇）　將（一四〇）

攴部

啟（一四一）　徹（一四二）　敄（一四三）　效（一四三）
故（一四三）　數（一四四）　敞（一四四）　變（一四五）
更（一四五）　斂（一四六）　救（一四六）　敦（一四六）
敗（一四七）　寇（一四八）　收（一四八）　攻（一四九）
牧（一四九）　攺（一四九）　鼓（一五〇）　〔寻攵〕（一五〇）

教部

斅（一五〇）

卜部

占（一五〇）

用部

用（一五一）　庸（一五一）　甯（一五二）

㸚部

爽（一五二）

巻四上

目部
目（一五三）
眘（一五四）
瞀（一五四）
⿰目買（一五五）
相（一五五）
瞫（一五五）
眚（一五六）
眛（一五六）

眉部
省（一五六）

盾部
盾（一五六）

自部
自（一五七）

白部
皆（一五八）
魯（一五八）
者（一五八）
⿰白亐（一五九）
百（一六〇）

鼻部
鼻（一六〇）

習部
習（一六〇）

羽部
羽（一六一）
翰（一六一）
翟（一六二）
翥（一六二）

隹部
雒（一六二）
雞（一六三）
雄（一六三）
雌（一六三）
雋（一六四）
⿰比隹（一六四）

羊部 羊（一六四） 牂（一六五） 羸（一六五） 羣（一六五）
美（一六六）
雥部 雧（一六六）
鳥部 鳥（一六六） 鶤（一六七） 鴈（一六七）
烏部 烏（一六八） 焉（一六八）

卷四下

華部 畢（一六九） 棄（一六九）
冓部 再（一六九）
𢆶部 幾（一七〇）
予部 予（一七〇）
放部 放（一七一）
𠬪部 爰（一七一） 受（一七二） 叡（一七三）
歺部 殊（一七三）

死部
死（一七三）

冎部
𠛱（一七四）

骨部
骨（一七五）

肉部
肉（一七五）
肊（一七六）
胠（一七六）
臂（一七六）
腹（一七七）
胯（一七七）
肖（一七七）
胄（一七七）
膻（一七八）
臞（一七八）
脫（一七九）
隋（一七九）
胡（一八〇）
脯（一八〇）
脩（一八一）
胸（一八一）
胥（一八一）
肎（一八二）
肥（一八二）
朐（一八三）
時（一八三）
臂（一八三）

筋部
筋（一八四）

刀部
刀（一八五）
削（一八五）
利（一八五）
初（一八六）
刻（一八七）
副（一八七）
辨（一八八）
列（一八八）
刪（一八九）
剝（一八九）
剽（一八九）
釗（一八九）
制（一八九）
罰（一九〇）
券（一九〇）
劇（一九一）
刋（一九一）

刃部　刃（一九二）　劒（一九二）
耒部　耤（一九二）
角部　角（一九二）　衡（一九三）　解（一九三）　觿（一九四）
　　　觚（一九五）

卷五上

竹部　竹（一九七）　箭（一九七）　節（一九八）　籍（一九九）
　　　籥（二〇〇）　簡（二〇〇）　等（二〇〇）　符（二〇一）
　　　筥（二〇一）　笥（二〇二）　箸（二〇二）　籣（二〇三）
　　　笞（二〇三）　筞（二〇三）　筴（二〇四）　箣（二〇四）
　　　簉（二〇四）　篷（二〇四）
箕部　箕（二〇四）
丌部　典（二〇五）　畀（二〇六）
左部　左（二〇六）

工部
工（二〇七）　式（二〇七）　巧（二〇八）　巨（二〇八）

巫部
巫（二〇八）

甘部
甘（二〇九）　甚（二〇九）

曰部
曰（二一〇）　曹（二一〇）

乃部
乃（二一一）　卣（二一一）

可部
可（二一二）　奇（二一二）

亏部
亏（二一三）　平（二一三）

旨部
嘗（二一四）

喜部
喜（二一四）　憙（二一五）

壴部
彭（二一五）　嘉（二一五）

鼓部
鼓（二一六）

虍部
虖（二一六）

虎部
虎（二一七）　虒（二一七）

皿部
盛（二一七）　齍（二一八）　盧（二一八）　益（二一八）
盈（二一九）　盡（二二〇）　盄（二二〇）

去部　去（二二一）
血部　血（二二一）
丶部　主（二二一）

卷五下

丹部　丹（二二三）
青部　青（二二四）　靜（二二四）
井部　刱（二二四）
皀部　即（二二五）
鬯部　爵（二二五）
食部　𩙿（二二六）　養（二二七）　飤（二二七）　餔（二二八）
　　　饒（二二八）　餘（二二八）　⿰飠四（二二九）　⿰飠負（二二九）
亼部　合（二三〇）　今（二三一）　舍（二三一）
會部　會（二三二）

倉部 倉（二三三）
入部 入（二三三） 內（二三四）
缶部 缶（二三四） 缺（二三四） 缿（二三五）
矢部 矢（二三五） 矦（二三六） 矣（二三六）
高部 高（二三六） 亭（二三七）
冂部 市（二三七） 央（二三八）
京部 京（二三八） 就（二三九）
畗部 良（二四〇）
㐭部 稟（二四一）
嗇部 嗇（二四一）
來部 來（二四二）
麥部 麥（二四二）
夊部 夌（二四二） 致（二四三） 愛（二四三） 夏（二四四）
夅（二四四）
舛部 舝（二四四）

韋部

韋（二四四）　韓（二四四）　⿰韋隹（二四五）

弟部

弟（二四五）

久部

久（二四六）

桀部

椉（二四六）

巻六上

木部

木（二四九）　梬（二五〇）　梅（二五〇）　李（二五〇）

桂（二五〇）　杜（二五一）　梓（二五一）　柀（二五一）

枸（二五二）　橿（二五二）　楊（二五二）　枳（二五二）

權（二五三）　槐（二五三）　檀（二五四）　柘（二五四）

梧（二五四）　松（二五五）　柏（二五五）　某（二五六）

樹（二五六）　本（二五六）　朱（二五七）　根（二五七）

末（二五八）　果（二五八）　枝（二五八）　枚（二五九）

樛（二五九）　杕（二五九）　格（二六〇）　枯（二六〇）

材（二六〇）
榦（二六〇）
柱（二六一）
楗（二六一）
梧（二六二）
案（二六二）
機（二六二）
榺（二六三）
杼（二六三）
椱（二六三）
梯（二六三）
棓（二六三）
柯（二六四）
椄（二六四）
樂（二六四）
槧（二六五）
札（二六五）
橋（二六五）
棱（二六五）
校（二六六）
采（二六六）
横（二六七）
梜（二六七）
槎（二六八）
析（二六八）
枼（二六八）
休（二六九）
槥（二六九）
楬（二六九）
枚（二七〇）
林（二七〇）
栮（二七〇）
榬（二七〇）
樺（二七〇）

東部

東（二七一）

林部

林（二七一）
森（二七二）

卷六下

叒部

桑（二七三）

之部　之（二七三）
出部　出（二七四）　賣（二七五）
𣎵部　南（二七五）
生部　產（二七六）
華部　華（二七七）
稽部　稽（二七八）
桼部　桼（二七八）　髤（二七八）
束部　束（二七九）
橐部　橐（二八〇）
囗部　圜（二八〇）　圖（二八〇）　園（二八一）　因（二八一）
囚（二八二）　固（二八二）　圂（二八三）　困（二八四）
員部　員（二八四）
貝部　貝（二八五）　財（二八五）　資（二八五）　賢（二八六）
賀（二八六）　齎（二八七）　貸（二八八）　貣（二八八）
贛（二八九）　賞（二九〇）　賜（二九〇）　贏（二九一）

賴（二九一）
負（二九二）
貳（二九二）
賓（二九三）
贅（二九四）
質（二九四）
贖（二九四）
費（二九五）
責（二九五）
賈（二九六）
販（二九七）
買（二九七）
賤（二九八）
賦（二九八）
貧（二九九）
購（二九九）
貲（三〇〇）

邑部

邑（三〇一）
邦（三〇一）
郡（三〇二）
都（三〇二）
邸（三〇三）
郵（三〇三）
郁（三〇四）
鄭（三〇四）
部（三〇四）
邯（三〇五）
鄲（三〇五）
郅（三〇五）
鄞（三〇五）
鄧（三〇六）
鄢（三〇六）
郫（三〇六）
邛（三〇七）
鄣（三〇八）
邪（三〇八）
郣（三〇九）
郤（三〇九）
郙（三〇一）
酈（三一〇）
郀（三一〇）
郛（三一一）
郗（三一一）

䢵部

鄉（三一一）

巻七上

日部　日（三一三）　時（三一四）　昭（三一四）　昌（三一四）
㬥（三一五）　昆（三一六）　曆（三一六）
旦部　旦（三一六）
倝部　朝（三一七）
㫃部　旌（三一七）　游（三一八）　族（三一八）　旍（三一八）
晶部　曑（三一八）
月部　月（三一九）　朔（三二〇）　期（三二〇）
有部　有（三二一）
朙部　朙（三二二）
夕部　夕（三二二）　夜（三二二）　外（三二三）
多部　多（三二三）
毌部　虜（三二三）

马部　甬（三二四）
鹵部　㮚（三二四）　㮚（三二四）
齊部　齊（三二五）
片部　牘（三二五）　牒（三二六）
鼎部　鼎（三二七）
克部　克（三二七）
禾部　禾（三二七）　稼（三二八）　稺（三二八）　私（三二八）
穧（三二九）　秫（三二九）　稻（三三〇）　秏（三三〇）
移（三三一）　穎（三三一）　穫（三三一）　積（三三二）
秩（三三二）　稟（三三二）　季（三三三）　穀（三三三）
租（三三四）　稅（三三四）　稍（三三五）　秦（三三五）
程（三三五）　秭（三三六）　秅（三三六）　稷（三三六）
秝部　兼（三三六）
黍部　黍（三三七）　黎（三三七）
米部　米（三三七）　粲（三三八）　糴（三三九）　氣（三三九）

竊（三四〇）

臼部
舂（三四〇）

卷七下

朩部
枲（三四一）

韭部
韭（三四一）
韱（三四二）
韰（三四二）

瓜部
瓜（三四二）

宀部
家（三四二）
宅（三四三）
室（三四三）
宣（三四四）
宛（三四四）
宇（三四五）
定（三四五）
安（三四六）
完（三四六）
富（三四七）
實（三四八）
容（三四八）
宂（三四九）
守（三四九）
宜（三五〇）
寫（三五一）
宵（三五一）
宿（三五一）
寬（三五二）
寡（三五三）
客（三五三）
寄（三五三）
寒（三五四）
害（三五四）
索（三五四）
宕（三五五）
宗（三五五）
⿱宀兇（三五六）

宮部 宮（三五六）
呂部 呂（三五六）
穴部 窯（三五六） 竈（三五七） 空（三五七） 竄（三五七）
竆（三五八） 窨（三五八）
疒部 疾（三五八） 痛（三五九） 病（三五九） 疵（三六〇）
廝（三六〇） 痤（三六一） 癰（三六一） 癘（三六一）
瘳（三六二） 廡（三六二）
冖部 冠（三六二）
冂部 同（三六三）
冃部 最（三六三）
㒳部 兩（三六五）
网部 罪（三六五） 羅（三六五） 署（三六五） 罷（三六六）
置（三六六） 詈（三六六）
襾部 覆（三六七）
巾部 帶（三六七） 常（三六七） 帬（三六八） 帷（三六八）

幏（三六八）　帬（三六九）　席（三六九）　布（三六九）

帛部

錦（三七〇）

白部

白（三七〇）　皙（三七〇）

卷八上

人部

人（三七三）　僮（三七四）　倗（三七四）　佗（三七四）
何（三七五）　儋（三七五）　備（三七六）　偕（三七六）
俱（三七六）　傅（三七七）　倚（三七八）　侍（三七八）
付（三七八）　伍（三七九）　什（三七九）　作（三七九）
假（三八〇）　侯（三八〇）　償（三八一）　代（三八一）
便（三八一）　任（三八一）　俗（三八二）　使（三八二）
傳（三八二）　傿（三八三）　偏（三八三）　佁（三八三）
僞（三八四）　偃（三八四）　傷（三八四）　伏（三八五）
係（三八五）　伐（三八五）　咎（三八五）　僰（三八六）

件（三八六） 仗（三八七） 佐（三八七） 住（三八七）
俉（三八七） 偞（三八八） 傰（三八八） 𠍗（三八八）
𠤎部 眞（三八九）
匕部 頃（三九〇） 匘（三九〇） 卬（三九〇）
从部 從（三九一） 幷（三九一）
比部 比（三九二）
北部 北（三九二）
丘部 丘（三九二） 虛（三九三）
㐺部 眾（三九三） 聚（三九三）
𡈼部 徵（三九三） 朢（三九四）
重部 重（三九四）
臥部 臥（三九五） 監（三九五） 臨（三九五）
身部 身（三九六）
㐆部 殷（三九六）
衣部 衣（三九七） 袁（三九七） 襲（三九七） 袍（三九八）

衮（三九八）　袪（三九九）　袑（三九九）　褆（三九九）
襦（三九九）　襌（三九九）　襄（四〇〇）　衾（四〇〇）
衷（四〇〇）　雜（四〇一）　補（四〇一）　褍（四〇一）
裹（四〇二）　裛（四〇二）　衰（四〇二）　卒（四〇二）
褱（四〇三）　裚（四〇三）　裝（四〇三）　𧞤（四〇四）

裘部　裘（四〇四）

老部　老（四〇五）　耆（四〇五）　壽（四〇五）

毛部　毛（四〇六）

尸部　尸（四〇六）　居（四〇六）　展（四〇七）　屋（四〇七）
屚（四〇八）

卷八下

尺部　尺（四〇九）

尾部　屬（四〇九）　屈（四一〇）

履部　履（四一〇）
舟部　俞（四一一）　船（四一一）　般（四一一）　服（四一二）
方部　方（四一三）
儿部　兒（四一三）　充（四一三）
兂部　兂（四一四）
先部　先（四一四）
禿部　禿（四一五）　穨（四一五）
見部　見（四一五）　視（四一六）　觀（四一六）
欠部　歇（四一七）　欣（四一七）　款（四一八）　欲（四一八）
　　　歡（四一八）　歐（四一九）　歟（四二〇）　欬（四二〇）
　　　次（四二一）
㱃部　㱃（四二一）
次部　盜（四二二）

卷九上

頁部
頭（四二三） 顚（四二三） 順（四二四） 頡（四二四）
煩（四二五） 顡（四二五） 顯（四二五） 頎（四二五）
䪻（四二六）
面部
面（四二六）
首部
首（四二六）
県部
縣（四二七）
須部
須（四二七）
文部
文（四二八）
髟部
髟（四二九） 髮（四二九）
司部
司（四二九）
卮部
卮（四二九）
卪部
令（四三〇） 卻（四三〇）

印部　印（四三一）
色部　色（四三二）
卯部　卿（四三二）
辟部　辟（四三三）
勹部　旬（四三四）
茍部　敬（四三四）
鬼部　鬼（四三五）　魋（四三五）　魃（四三六）
由部　畏（四三六）
厶部　羑（四三七）
嵬部　巍（四三七）

卷九下

山部　山（四三九）　密（四三九）
广部　府（四四〇）　庠（四四〇）　廬（四四〇）　庭（四四一）

易部
易（四五二）
象部
象（四五二）　豫（四五二）

卷十上

馬部
馬（四五三）　驕（四五四）　騎（四五四）　駕（四五四）
駟（四五四）　騷（四五五）　駔（四五五）　騶（四五五）
騰（四五五）　駠（四五六）　駋（四五六）
廌部
灋（四五七）
兔部
兔（四五七）
犬部
犬（四五七）　狗（四五七）　⿰爿⿱夕犬（四五八）　狀（四五八）
犯（四五九）　犺（四六〇）　獨（四六〇）　獵（四六〇）
臭（四六一）　獲（四六一）　獻（四六一）　類（四六二）
狼（四六二）　狐（四六三）　犴（四六四）　⿰犭巴（四六四）
⿰犭舟（四六四）　⿰犭瞿（四六五）

㹜部 獄（四六五）

鼠部 鼠（四六六） ⿰鼠公（四六六）

能部 能（四六六）

熊部 熊（四六七）

火部 火（四六七） 然（四六七） 燔（四六七） 炭（四六八）
尉（四六八） 灼（四六九） 𤓉（四六九） 熱（四六九）
燥（四七〇） 炅（四七〇）

黑部 黑（四七〇） 黚（四七一） 黔（四七一）

卷十下

囪部 囪（四七三）

赤部 赤（四七三） 赫（四七四） 赩（四七四）

大部 大（四七四） 夸（四七五） 夷（四七五）

亦部 亦（四七六）

夨部
奊（四七六）　吳（四七六）
夭部
喬（四七七）　奔（四七七）
交部
交（四七八）
壹部
壹（四七八）
幸部
執（四七九）　報（四七九）
奢部
奢（四七九）
夲部
奏（四八〇）
亣部
奚（四八〇）
夫部
夫（四八〇）　規（四八一）
立部
端（四八一）　竘（四八二）　竭（四八二）
竝部
竝（四八二）
思部
思（四八二）
心部
心（四八三）　息（四八三）　志（四八三）　意（四八四）
應（四八四）　愼（四八五）　忠（四八五）　快（四八五）
愿（四八六）　恬（四八六）　慗（四八七）　慶（四八七）

急（四八八）
悍（四八九）
忘（四八九）
憧（四八九）
忌（四九〇）
惡（四九〇）
惜（四九一）
感（四九一）
恙（四九一）
恐（四九二）
忍（四九二）
忑（四九二）
悥（四九三）
慶（四九三）

卷十一上

水部

水（四九五）
河（四九六）
涪（四九六）
潼（四九六）
江（四九六）
沱（四九七）
溫（四九八）
沮（四九八）
涂（四九九）
沅（四九九）
涇（四九九）
渭（五〇〇）
漢（五〇〇）
澮（五〇〇）
灌（五〇一）
深（五〇一）
濮（五〇一）
沂（五〇一）
治（五〇二）
渚（五〇二）
泥（五〇三）
衍（五〇三）
涓（五〇四）
滂（五〇四）
滕（五〇四）
浮（五〇四）
洞（五〇五）
滑（五〇五）
澤（五〇六）
淫（五〇六）
淺（五〇六）
沙（五〇七）

沼（五〇七）
瀆（五〇七）
渠（五〇八）
決（五〇八）
注（五〇九）
津（五〇九）
沒（五〇九）
澍（五一〇）
沈（五一〇）
浚（五一〇）
灑（五一〇）
泰（五一一）
漕（五一一）
汲（五一二）
淄（五一二）
潰（五一二）

卷十一下

沝部
𣶒（五一三）
巜部
𡿺（五一三）
川部
川（五一四）
州（五一四）
泉部
泉（五一五）
灥部
厵（五一五）
谷部
谿（五一五）
仌部
冰（五一六）
冬（五一七）
冶（五一七）
雨部
雨（五一七）
零（五一八）
需（五一九）

雲部
雲（五一九）

魚部
魚（五一九） 鯉（五二〇） 鮮（五二〇） 鮫（五二〇）
魿（五二一） 鱸（五二一）

燕部
燕（五二一）

龍部
龍（五二一）

非部
非（五二二） 靡（五二二）

卂部
卂（五二二） ⿰粦卂（五二三）

卷十二上

不部
不（五二五）

至部
至（五二五） 到（五二六） 臺（五二七）

西部
西（五二七）

鹽部
鹽（五二八）

戶部
戶（五二八） 扇（五二八） 戹（五二八）

卷十二下

門部

門（五二九）
闟（五二九）
閣（五三〇）
閬（五三〇）
閒（五三〇）
闌（五三一）
關（五三一）
閱（五三二）

耳部

聽（五三二）
職（五三二）
聲（五三三）
聞（五三三）
聶（五三四）

𦣝部

巸（五三四）

手部

手（五三五）
指（五三五）
捧（五三五）
抵（五三六）
扶（五三六）
操（五三六）
據（五三六）
挾（五三七）
把（五三七）
提（五三七）
擇（五三八）
承（五三八）
投（五三八）
撓（五三九）
擾（五三九）
揚（五三九）
舉（五三九）
揄（五四〇）
失（五四〇）
拾（五四〇）
援（五四一）
拔（五四一）
探（五四二）
拙（五四二）
捕（五四二）
挌（五四三）
捐（五四三）
抱（五四三）

女部

女（五四五）　娶（五四五）　妻（五四六）　婦（五四六）
妃（五四六）　母（五四七）　姊（五四七）　婢（五四七）
奴（五四八）　始（五四八）　好（五四八）　姣（五四九）
娙（五四九）　姽（五四九）　委（五四九）　婐（五五〇）
媅（五五〇）　如（五五〇）　嬗（五五一）　嬰（五五一）
娃（五五二）　婁（五五二）　嬈（五五二）　嫠（五五二）
姘（五五三）　奸（五五三）　婥（五五三）　妶（五五三）
姱（五五三）　婓（五五四）　𡝩（五五四）　嫭（五五四）
𡢕（五五五）

毋部

毋（五五五）

丿部

乂（五五五）　弗（五五六）

厂部

弋（五五六）

乁部

也（五五六）

氏部

氏（五五七）

氐部

氐（五五七）

戈部
戈（五五七）戕（五五八）戟（五五八）賊（五五八）
戍（五五八）戰（五五九）戲（五五九）或（五五九）
武（五六〇）戉（五六〇）
我部
義（五六〇）
珡部
琴（五六一）
乚部
直（五六二）
亾部
亾（五六二）匃（五六三）
匸部
匹（五六三）
匚部
匠（五六三）匧（五六四）匱（五六四）
甾部
甾（五六四）
瓦部
瓦（五六四）甄（五六五）甗（五六五）
弓部
弓（五六五）張（五六六）弘（五六六）弩（五六六）
發（五六六）弢（五六七）
弦部
弦（五六七）
系部
孫（五六八）繇（五六九）

卷十三上

糸部

糸（五七一）
繭（五七一）
繹（五七二）
織（五七三）
⿰糸式（五七三）
緯（五七三）
紀（五七四）
續（五七四）
縱（五七四）
級（五七四）
約（五七五）
繚（五七五）
纏（五七六）
繞（五七六）
結（五七七）
給（五七七）
終（五七七）
繒（五七八）
縠（五七八）
縑（五七八）
練（五七八）
縵（五七八）
繪（五七九）
綰（五七九）
紅（五七九）
纓（五八〇）
綬（五八〇）
組（五八〇）
緣（五八〇）
絝（五八〇）
繕（五八一）
縈（五八一）
絇（五八一）
緎（五八二）
絡（五八二）
繆（五八三）
結（五八三）
⿰糸倉（五八四）

素部

繛（五八四）
⿰素爰（五八四）

絲部

絲（五八五）

虫部
雖（五八六） 強（五八六） 蜀（五八七） 蠻（五八七）
蝱（五八八）

巻十三下

它部
它（五八九）

黽部
鼂（五八九）

二部
二（五九〇） 亟（五九〇） 恆（五九一） 亘（五九一）
凡（五九二）

土部
土（五九二） 地（五九三） 均（五九三） 堵（五九四）
堪（五九四） 堂（五九四） 墼（五九五） 在（五九五）
坚（五九六） 封（五九六） 城（五九七） 增（五九七）
塞（五九八） 壞（五九九） 垂（五九九） 坆（五九九）

里部
里（五九九） 野（六〇〇）

田部
田（六〇一） 疇（六〇一） 畸（六〇二） 畮（六〇二）

畍（六〇三）
略（六〇三）
當（六〇四）
畱（六〇四）
畜（六〇五）

黃部
黃（六〇五）

男部
男（六〇六）

力部
功（六〇六）
助（六〇六）
務（六〇七）
勝（六〇七）
勮（六〇八）
加（六〇八）
勢（六〇九）
劾（六〇九）
募（六一〇）
觔（六一〇）
勈（六一〇）
劫（六一〇）

卷十四上

金部
金（六一一）
錫（六一二）
銅（六一二）
鐵（六一二）
鍇（六一三）
錄（六一三）
鑄（六一三）
銷（六一三）
釦（六一四）
錡（六一五）
錢（六一五）
鈞（六一六）
鐔（六一六）
鏃（六一六）
銜（六一七）
鈇（六一八）
鉅（六一八）
鈚（六一八）
叙（六一八）
釪（六一八）

卷十四下

釖（六一九）　銯（六一九）　鐶（六一九）

几部
処（六一九）

且部
且（六二〇）

斤部
斤（六二一）　所（六二一）　斵（六二二）　新（六二二）

斗部
斗（六二三）　升（六二三）

矛部
矛（六二四）　矜（六二四）

車部
車（六二四）　轀（六二五）　輬（六二五）　軺（六二五）
輕（六二五）　輿（六二六）　輒（六二六）　軫（六二七）
轙（六二七）　載（六二七）　軍（六二八）　轉（六二八）
輸（六二九）　輪（六二九）　斬（六二九）　軲（六二九）
軴（六三〇）

𠂤部
官（六三〇）

𨸏部

陵（六三一） 陰（六三二） 陽（六三二） 阿（六三三）
險（六三三） 阤（六三三） 隄（六三四） 陘（六三四）
隱（六三四） 隃（六三四） 阮（六三五） 陳（六三五）
除（六三五） ⿰阝邑（六三六）

四部

四（六三六）

五部

五（六三七） ⿰五午（六三七）

六部

六（六三七）

七部

七（六三八）

九部

九（六三八）

内部

萬（六三九）

甲部

甲（六三九）

乙部

乙（六四〇） 乾（六四〇）

丙部

丙（六四一）

丁部

丁（六四一）

戊部

戊（六四二） 成（六四二）

己部 己（六四三）

巴部 巴（六四三）

庚部 庚（六四四）

辛部 辛（六四四） 辠（六四五） 辤（六四五）

壬部 壬（六四六）

癸部 癸（六四六）

子部 子（六四七） 字（六四七） 季（六四七） 孟（六四八）

存（六四八） 疑（六四九）

孨部 孱（六四九）

𠫓部 疏（六五〇）

丑部 丑（六五〇）

寅部 寅（六五一）

卯部 卯（六五一）

辰部 辰（六五一）

巳部 巳（六五二） 㠯（六五二） 已（六五三）

《里耶秦簡文字編》合文目錄

里耶秦簡文字編·卷一上

一

0001

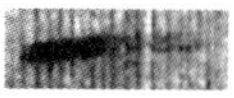

5-23 □印，一泰守府

6-1正第一欄 八十一

7-4a 一牘

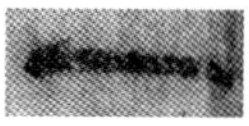

8-439+8-519+8-537+8-1899 絡袍一

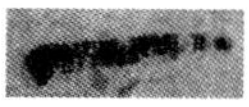

12-849a 船一艘

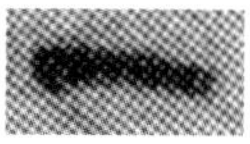

14-300+14-764 羊頭一

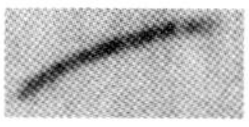

16-5b 水十一刻

元 0002

5-1正　元年

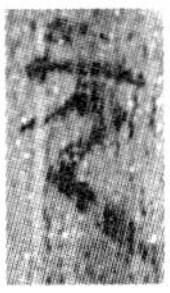
8-653正　元年

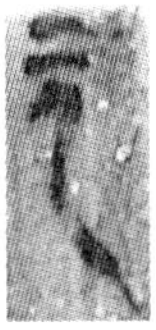
8-860　元年

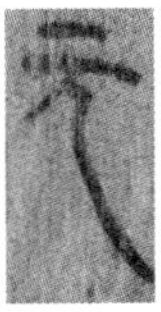
9-26　元年

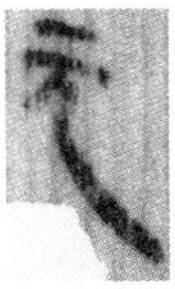
9-2045　元年

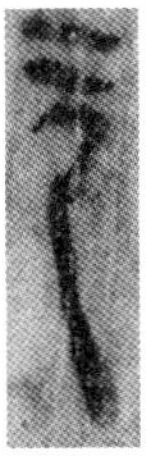
9-2273第一欄　元年

天 0003

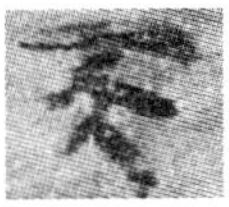
8-461正　天帝

8-225+8-302+8-1339+8-1786　天雨血

吏 0004

7-14　吏致走書

8-63正　公田吏

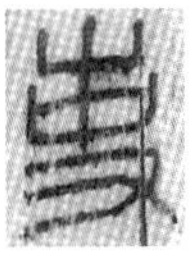
8-214　吏戶已事

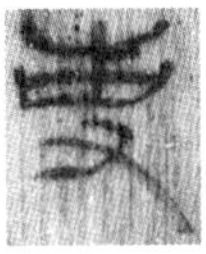
8-2037正　吏貧當展約

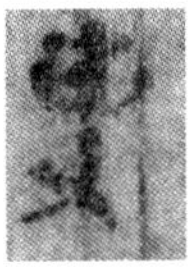
9-1112b　令從吏（事）　按：「吏」，同「事」。

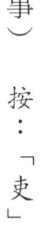

12-1786+8-2265　以書到時定名吏（事）里　按：「吏」，同「事」。

上

0005

6-31　上造

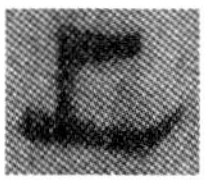

7-304b　令史上

8-154正　朔日上所買徒隸數

8-220　上謁以□▨

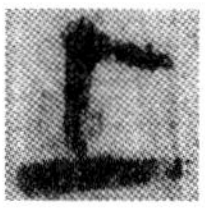

9-10a　上謁報

9-1869a　上狠（墾）田課一牒

帝

0006

8-461正第一欄　毋敢曰巫帝曰巫

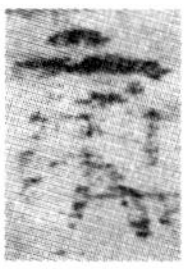

8-461正第二欄　以命爲皇帝

旁

0007

8-158背　守府快行旁　按：「旁」，學者或以為「旁縣」之義。

8-138正+8-174正+8-522正+8-523正　旁曹

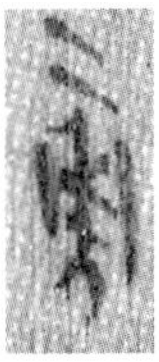
8-262　西就旁　按：「西就」，地名。「旁」，人名。

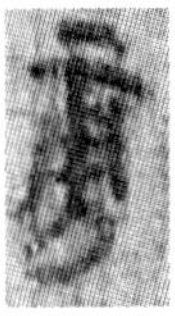
8-224+8-412+8-1415　其旁郡縣

9-762　士五（伍）：巫、狼、旁、久、鐵　按：「旁」，人名。

9-1112a　唐亭旁有盜

下
丅
0008

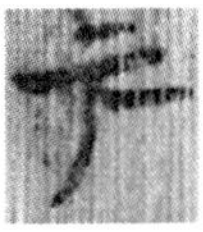
5-4正　下事☐

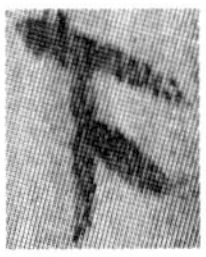
8-127+8-423　以下者廿☐

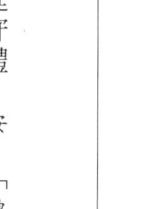

8-198正+8-213正+8-2013正　遷陵丞昌下鄉官

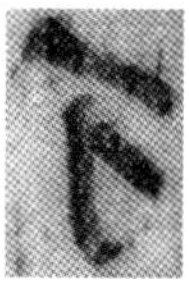

9-3a　陽陵下五里

9-984b　八月壬辰水下八刻

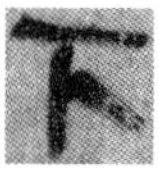

10-1595a　☐下泰守令☐

禮

禮

0009

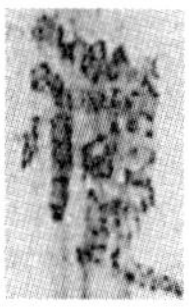

8-657正　洞庭守禮　按：「禮」，人名。

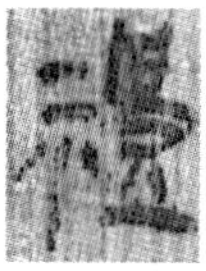

8-755正　洞庭守禮　按：「禮」，人名。

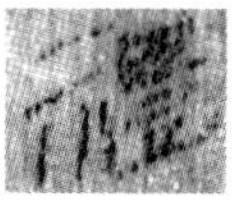

8-2164正　☐守禮　按：「禮」，人名。

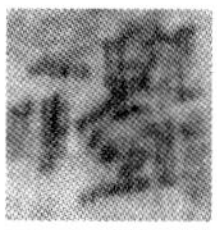

16-5a　洞庭守禮　按：「禮」，人名。

16-6a　洞庭守禮　按：「禮」，人名。

祿

祿

0010

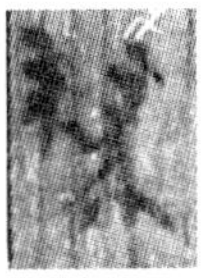

8-453　走祿以來　按：「祿」，人名。

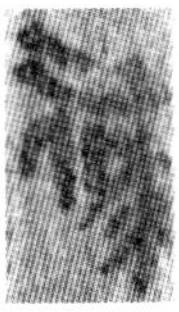

8-761　同□祿　按：「祿」，人名。

8-1516　遷陵守祿　按：「祿」，人名。

福

福

0011

8-717背　尉史福　按：「福」，人名。

8-2014正　貳春鄉守福　按：「福」，人名。

8-2247　貳春鄉守福　按：「福」，人名。

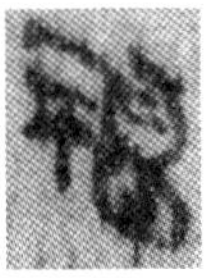

10-1157　貳春鄉守福　按：「福」，人名。

10-1157　福手　按：「福」，人名。

祠
0012

8-907+8-923+8-1422　祠䆃

8-993　祠䆃

8-1002+8-1091　祠䆃

8-1055+8-1579　祠䆃

14-4　祠先農

14-698　祠先農

禁
0013

8-13　皆當爲禁錢□▨

8-1290+8-1397　服藥時禁毋食彘肉

8-1601　令禁弗得爲

8-1766　毋禁

三
0014

5-22　水下三刻

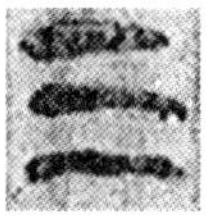
6-1正第三欄　三七廿一

8-2103　三月庚寅

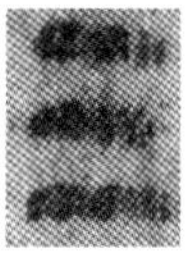
9-7a 卅三年四月

9-20a第一欄 入米三石

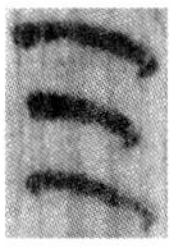
9-2045 三百卅九

王

王

0015

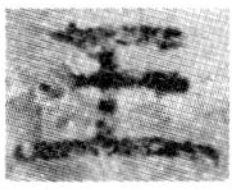
8-461正第一欄 毋敢曰王父曰泰父

8-461正第二欄 王犬曰皇帝犬

8-1232 獄史王柏 按：「王柏」，人名。

8-1316 王相☐ 按：辭例殘缺。

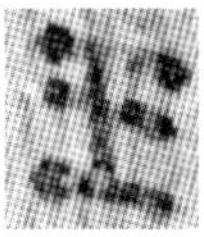
8-1555正第一欄 族王氏

皇

皇

0016

8-406 男子皇楗 按：「皇楗」，人名。

8-461正第一欄 故皇今更如此皇

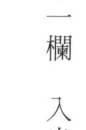

8-461正第一欄　故皇今更如此皇

8-461正第二欄　莊王爲泰上皇

環

0017

8-60正+8-656正+8-665正+8-748正　上真書謁環（還）　按：「環」，通「還」。

8-890+8-1583　環（還）令佐朝、義、佐盍貲各一甲　按：「環」，通「還」。

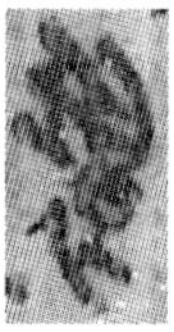
8-2101第二欄　六人付司空：環☐　按：「環」，人名。

8-2179　來賦不當環（還）☐　按：「環」，通「還」。

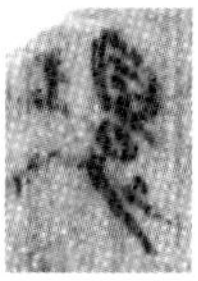
8-2363　☐環　按：辭例殘缺。

瑕

0018

8-894　疵瑕

瑣

0019

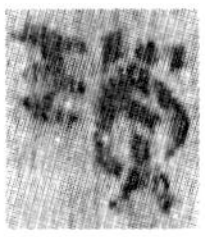

8-904+8-1343　司空薄瑣　按：「瑣」，人名。

8-2089第二欄　一人付畜官：瑣☐　按：「瑣」，人名。

琅

0020

8-657正　琅邪　按：「琅邪」，地名。

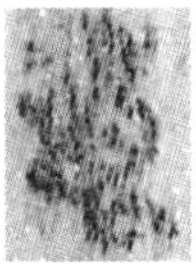

8-657正　琅邪　按：「琅邪」，地名。

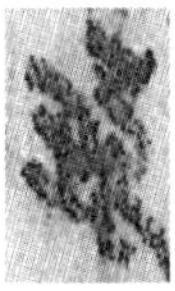

8-657正　琅邪　按：「琅邪」，地名。

气 0021

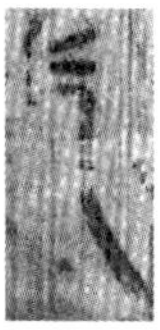
8-114 當气鞫〼 按：《釋文》釋「乞」，《校釋》釋「氣」，讀為「乞」。

士 0022

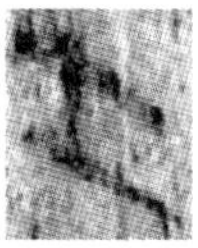
5-1背 士五（伍）

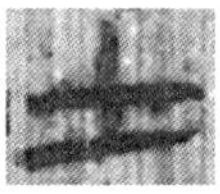
5-1正 〼之中士下事〼 按：語義不詳。

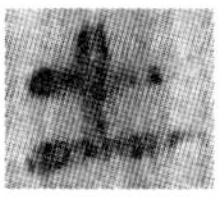
8-439+8-519+8-537+8-1899 士五（伍）

9-3a 士五（伍）

9-1112b 士吏

16-2 士五（伍）

壯 0023

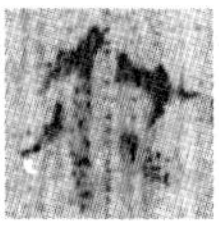
8-1878 丁壯者四人

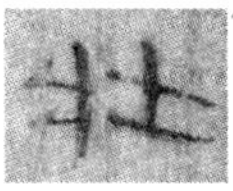
9-1112a 唐亭叚（假）校長壯 按：「壯」，人名。

中

0024

9-1112a　壯卒少，不足以追

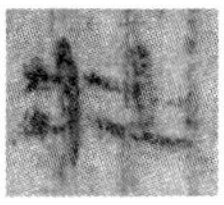

9-1112b　壯手　按：「壯」，人名。

5-4正　▨之中士下事▨　按：此簡帶有楚系文字風格。語義不詳。

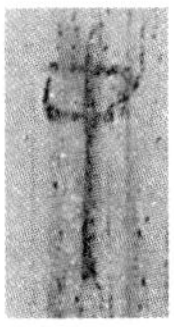

5-14　▨縣中▨

8-86背　日中

8-2014正　居粢（資）中　按：「資中」，地名。

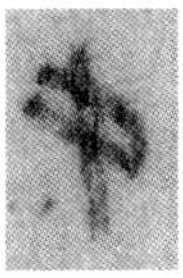

16-2　鄉守士五（伍）：泉、中、克　按：「中」，人名。

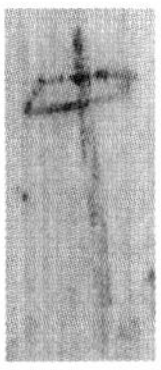

16-752　具此中

里耶秦簡文字編·卷一下

屯

0025

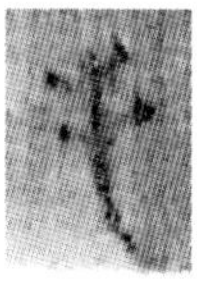

8-56　出稟屯▨

8-81　出稟屯戍

8-140正　屯戍

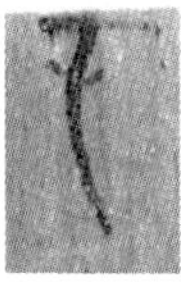

8-445　屯卒

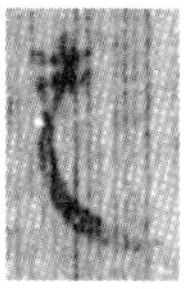

8-1545　屯戍

9-762　屯戍

莊

0026

8-5+8-37　▨佐莊　按：「莊」，人名。

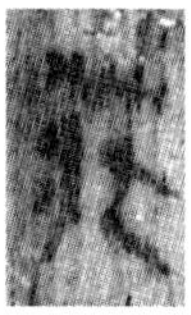

8-236　莊十二日　按：「莊」，人名。

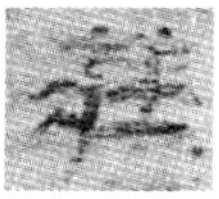
8-461正第二欄　莊王爲泰上皇

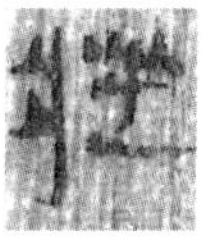
8-1612　令莊定　按：「莊」，似為人名。

8-1640　莊☐　按：辭例殘缺。

荅

0027

5-19　荅葉

8-63正　事荅不備

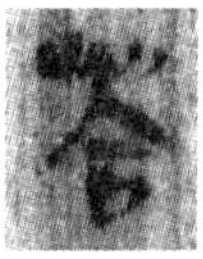
8-2388　☐□舍荅☐　按：辭例殘缺。

蘇

0028

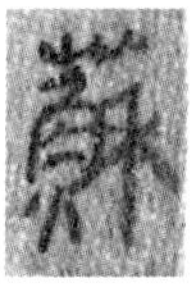
8-1194+8-1608　令史蘇　按：「蘇」，人名。

9-728第二欄　佐蘇　按：「蘇」，人名。

葵

0029

8-207正　皆食巴葵　按：《釋文》釋「蘯」，《校釋》釋「葵」。

芋

0030

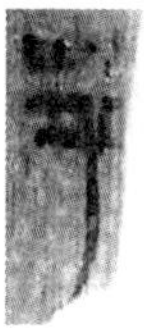

8-395　☐買蓐芋　按：「買」，人名。

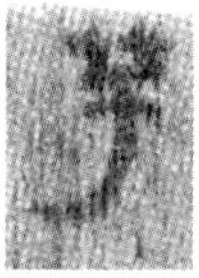

8-1664第一欄　芋　按：此行僅此一字。

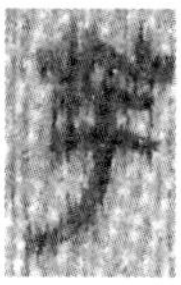

8-1664第三欄　芋　按：此行僅此一字。

8-1861　妾一人蓐芋

藍

0031

8-1557　稟人藍　按：「藍」，人名。

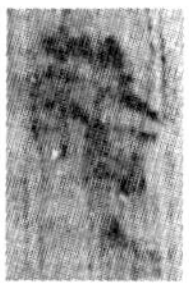

8-1660+8-1827　稟人藍　按：「藍」，人名。

茝

0032

8-2101第二欄　七人付少內：革、茝☐　按：「茝」，人名。

8-2195　京、窯、茝、並　按：「茝」，人名。

苦

0033

8-1796 黔首毋不平苦者

菅

0034

8-1017第二欄　一人取菅：宛

8-1472正第二欄　一人取菅：乙☐

8-2148 ☐人取菅□□☐

8-2473 菅矣☐　按：辭例殘缺。

莞

0035

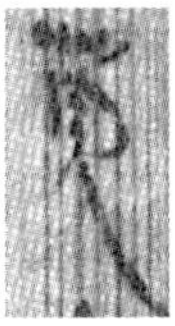

8-1686 莞席十

蒲

0036

8-913 蒲席一

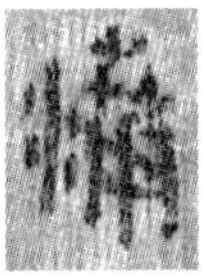

8-1134 佐蒲　按：「蒲」，人名。

8-1346 蒲席各一

8-1550 佐蒲 按：「蒲」，人名。

艾

0038

8-1620 艾盡

芹

0039

8-1664 第二欄 芹 按：此行僅此一字。

芍

0040

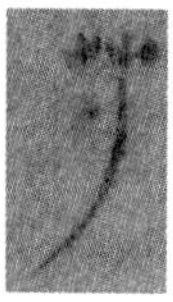

7-4b 如柏令，寄芍 按：「芍」，人名。

蒖

0041

8-1221 析蒖實

蔓

0042

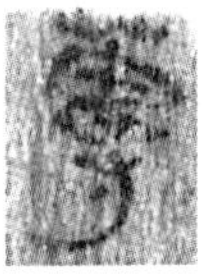

8-765正 蔓（曼）柏丞 按：「蔓」，通「曼」；「曼伯」，地名。

菌

0043

8-459 ☐求菌叚（假）倉贛☐ 按：「菌」，《校釋》疑讀為「囷」。「求菌」，為糧倉名。學者或讀如字，認為「求菌」即採集菌類。

8-1221 菌桂

8-1689 求菌內久☐

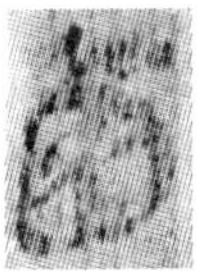

8-2371 ☐求菌叚（假）倉贛敢言之☐

10-1170 女九十人求菌

荊

0044

8-135正 以求故荊積瓦

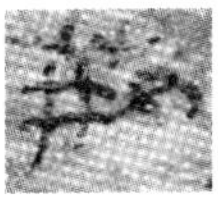

8-461正第一欄 曰辠曰荊

K/49第一欄 南陽戶人荊 按：「荊」，人名。

葉

0045

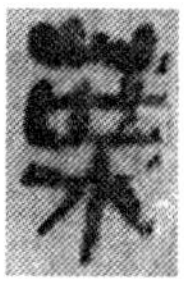

5-19 荅葉

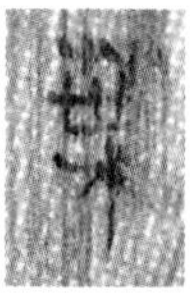

8-1907 □□□葉亭□□□ 按：辭例殘缺。

芒

0046

9-2294a+9-2305a+8-145正第五欄 二人取芒：阮、道

8-659正+8-2088 芒季 按：「芒季」，人名。

8-837 取堇芒群木實

8-857 ☒芒季□☒ 按：「芒季」，人名。

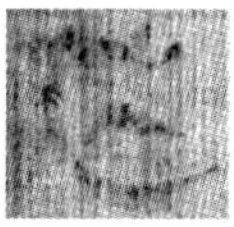

8-1817 令史芒季 按：「芒季」，人名。

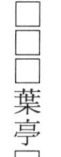

茲

0047

8-29+8-371 司空守茲 按：「茲」，人名。

8-236 留茲、乙各十四日 按：「茲」，人名。

8-351 司空守茲 按：「茲」，人名。

8-452 倉茲 按：「茲」，人名。

9-14a 貳春鄉茲 按：「茲」，人名。

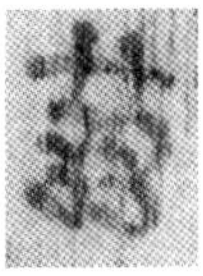

9-14a 貳春鄉茲 按：「茲」，人名。

蒼

0048

8-376 蒼梧 按：「蒼梧」，地名。

8-657正 蒼梧 按：「蒼梧」，地名。

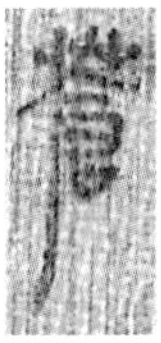

8-758 蒼梧 按：「蒼梧」，地名。

10-673 鬼薪蒼 按：「蒼」，人名。

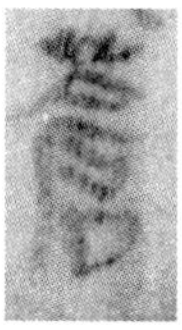

16-5a 蒼梧 按：「蒼梧」，地名。

萃

0049

8-141背+8-668背 萃手 按：「萃」，人名。

8-2013背 萃手 按：「萃」，人名。

苗

0050

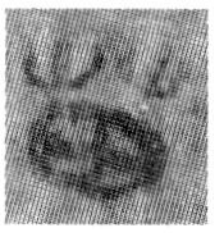

8-1546 小女子苗 按：「苗」，人名。

苛

0051

8-219+8-310 何可苛阿 按：習字簡。

蔡

0052

8-876 草蔡長一尺

薄

0053

8-62正 牛車薄（簿） 按：「薄」，通「簿」。

8-199正+8-688正第一欄 作徒薄（簿） 按：「薄」，通「簿」。

8-815 作徒薄（簿） 按：「薄」，通「簿」。

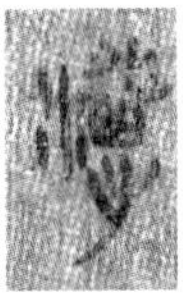

8-962+8-1087 貳春鄉茲徒薄（簿） 按：「薄」，通「簿」。

8-1440正 具薄（簿） 按：「薄」，通「簿」。

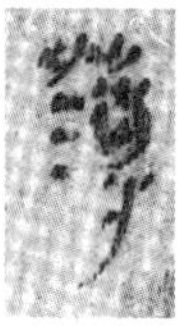
8-1559正 作徒薄（簿） 按：「薄」，通「簿」。

苑

0054

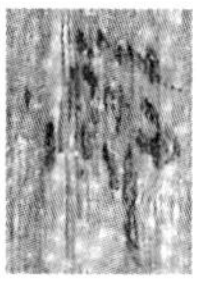
8-877+8-966 私留苑中

芳

0055

9-1308 良藥芳草

藥

0056

8-1243 治藥

8-1243 藥已治

8-1290+8-1397 服藥

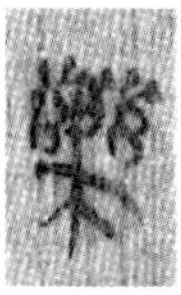
8-1440正 ☐及藥

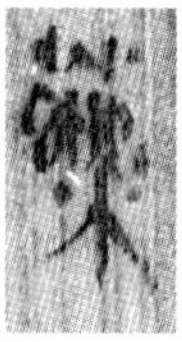
8-1620 藥燔末

9-1308 良藥芳草

葢

0057

8-143正　葢侍食羸病馬無小

8-1844　☐葢六具，度縣用足

8-1844　☐葢布七，度給縣用足

若

0058

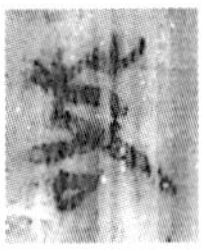

8-84正　遷陵令若☐

8-84背　若藿☐　按：辭例殘缺。

8-1243　暴（曝）若有所燥

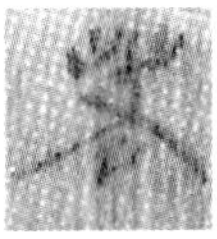

8-1442正　若若　按：習字簡。

9-2064　子小女子澤若　按：「澤若」，人名。

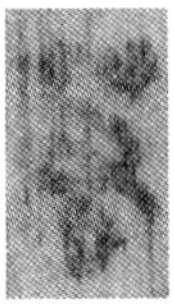

12-1784a　若干

芻

0059

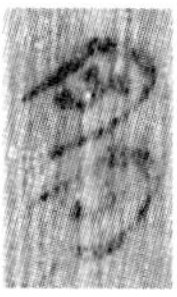

8-1165　戶芻錢六十四

8-1259正　一人徒養：央芻　按：「央芻」，人名。

8-1576　央芻等　按：「央芻」，人名。

8-1743背+8-2015背　詣訊般芻等　按：「般芻」，人名。

薪

0060

8-805　鬼薪白粲

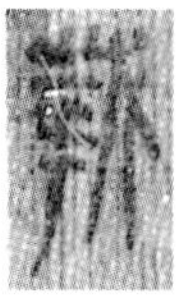

8-1057　薪夷

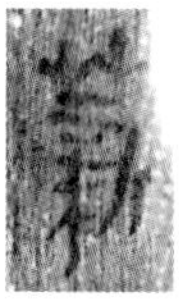

8-1117　取薪廿五石

8-1143+8-1631第一欄　鬼薪

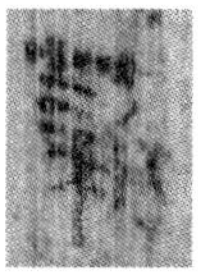

10-673　鬼薪

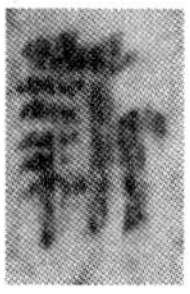

16-6a　鬼薪

斳
0061

8-1028　弩廿六皆殊斳☐

菫
0062

8-837　取菫芒群木實

葦
0063

6-6　佐葦　按：「葦」，人名。

蒙
0064

8-126　小妾無蒙　按：「無蒙」，人名。

8-1024　蒙里　按：「蒙里」，地名。

荼
0065

8-1533　走荼以來　按：「荼」，人名。

蘇

0066

8-161+8-307　潁陰蘇陽　按：「蘇陽」，地名。

8-466　蘇陽　按：「蘇陽」，地名。

蓬

0067

8-109+8-386　蓬定以付遷□☐　按：「蓬」，地名。

8-109+8-386　曰受蓬鐵權☐　按：「蓬」，地名。

8-109+8-386　蓬丞章☐　按：「蓬」，地名。

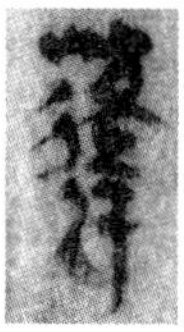

9-712a+9-758a　蓬下鐵官　按：「蓬」，地名。

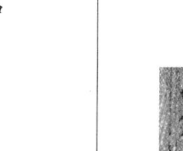

葆

0068

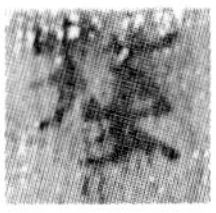

8-62正　葆繕牛車薄（簿）

8-657背　葆手　按：「葆」，人名。

草

0069

8-322　☐取草☐

8-1057　甘草

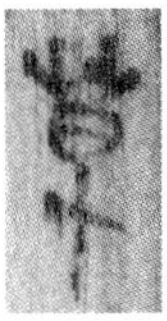

9-14a　豤（墾）草田

9-1308　良藥芳草

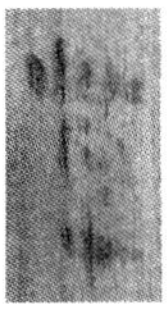

9-2350a　豤（墾）草田

萅

0070

8-661背　貳春鄉　按：「貳春」，地名。

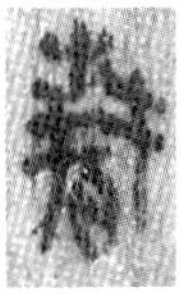

8-787+8-1327　貳春鄉守　按：「貳春」，地名。

8-1147　貳春鄉　按：「貳春」，地名。

8-1725　貳春　按：「貳春」，地名。

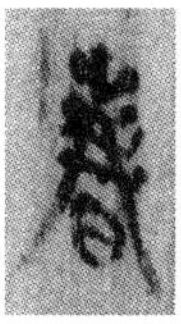

9-14a　貳春鄉　按：「貳春」，地名。

12-1409　貳春鄉　按：「貳春」，地名。

芇

0071

8-1454+8-1629　都鄉守芇　按：「芇」，人名。

苐

0072

8-776　苐（第）甲　按：「苐」，通「第」。

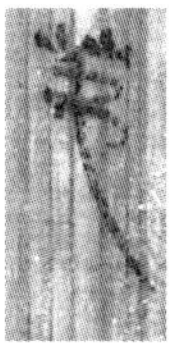

8-957　苐苐　按：似為習字簡。

8-957　苐苐　按：似為習字簡。

8-1042+8-1363　苐（第）一　按：「苐」，通「第」。

8-1514正 各苐（第）官徒 按：「苐」，通「第」。

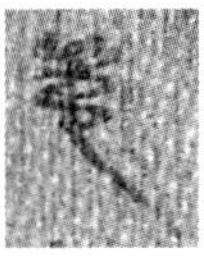

8-1514正 署苐（第）上 按：「苐」，通「第」。

茙

0073

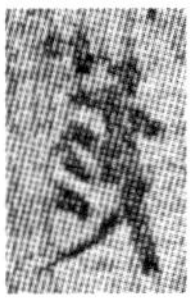

9-2294a+9-2305a+8-145正第五欄 三人司寇：茙、狠、款 按：「茙」，人名。

菽

0074

8-702背+8-751背 □衣菽聶☐ 按：辭例殘缺。

萁

0075

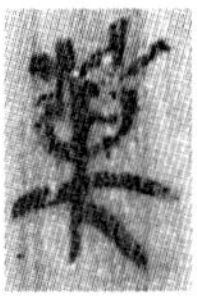

8-1206 涪陵新里公士萁 按：「萁」，人名。

0076 䓘

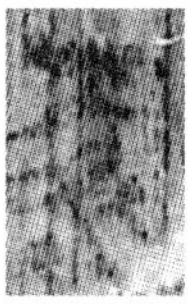

8-1574+8-1787　稟人䓘　按：「䓘」，人名。

0077 葢

8-130正+8-190正+8-193正　葢☐　按：「葢」，人名。

0078 蒤

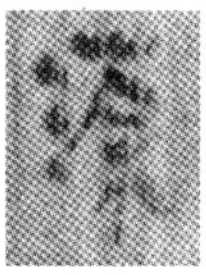

9-2352a　朐忍□蒤居臺　按：「□蒤」，似為地名。

0079 藇

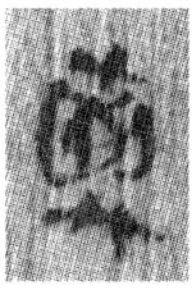

8-1069正+8-1434正+8-1520正　十二人爲藇　按：「藇」，《校釋》疑通「輿」。

0080 藋

8-84背　若藋☐　按：辭例殘缺。

蓐

0081

8-395正　蓐芋

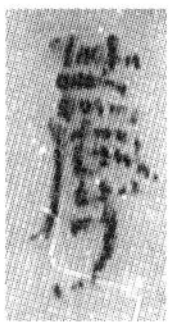

8-1861　妾一人蓐芋

莫

0082

8-647正　莫邪　按：「莫邪」，人名。

8-769正　莫䂞（知）

8-1025　小莫郚　按：「小莫郚」，地名。

8-1290+8-1397　到莫（暮）有（又）先食歙，如前數　按：「莫」，通「暮」。

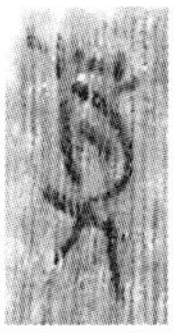

8-1338　莫當坐

8-1733　皆莫䂞（知）

里耶秦簡文字編·卷二上

小

0083

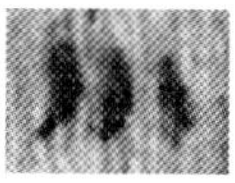

5-18　小奴

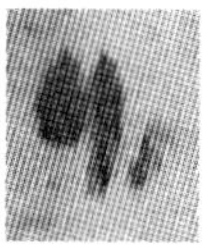

8-126　小妾

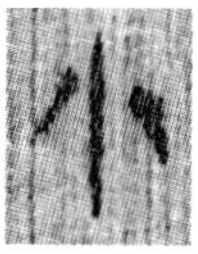

8-1025　小莫鄒　按：「小莫鄒」，地名。

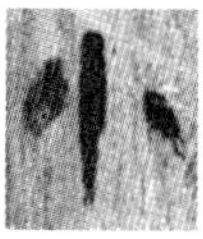

8-1575　小女子

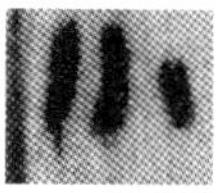

9-2064　小女子

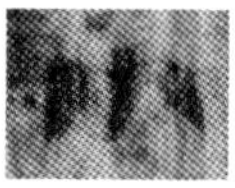

16-2063　小隸臣

少

0084

8-33　少內

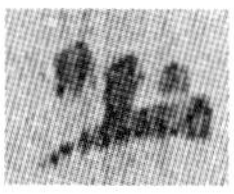

8-63正　十五石少半斗

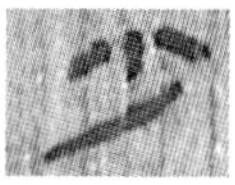

8-155　少內

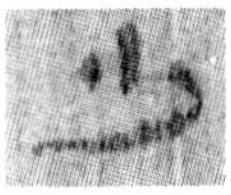
8-275 稻一石九斗少半斗

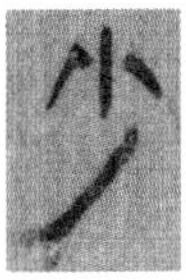
9-26 少內

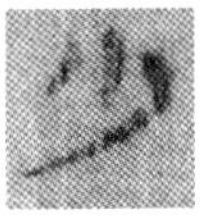
9-762 粟一石九斗少半斗

八

0085

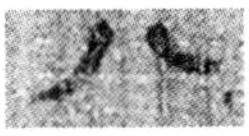
6-1正第二欄 七八五十六

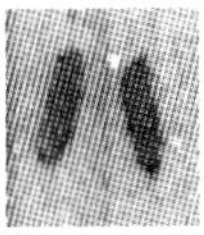
8-71背 水十一刻刻下八

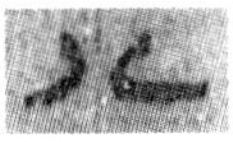
8-254+8-815 絲八斤一兩八朱（銖）

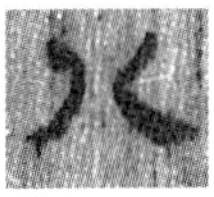
8-1372 四年八月

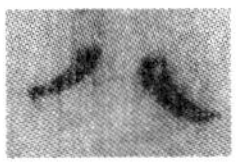
9-1869a 元年八月

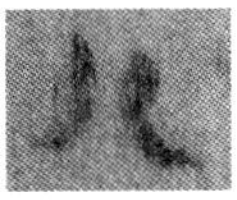
9-2147 弦千八百一

分

0086

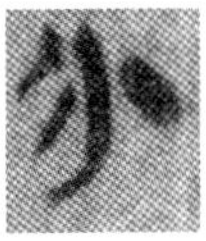
7-304a 分人五而死亡一人

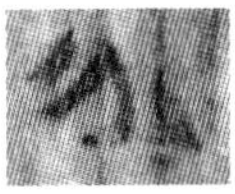
8-125 四升六分升一

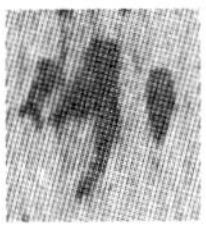
8-212+8-426+8-1632 四升六分升一

8-216+8-351+8-525 四升六分升一

8-237 大女子分 按：「分」，人名。

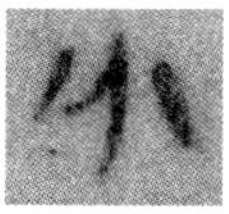

16-2 分錢

曾

0087

8-1495背 □曾□ 按：辭例殘缺。

尚

0088

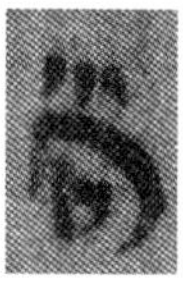

7-304b 倉佐尚 按：「尚」，人名。

8-45+8-270 令史尚視平 按：「尚」，人名。

8-75背+8-166背+8-485背 尚手 按：「尚」，人名。

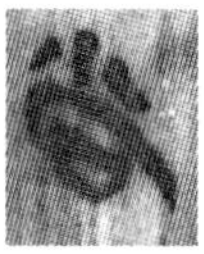

8-136背+8-144背 尚手 按：「尚」，人名。

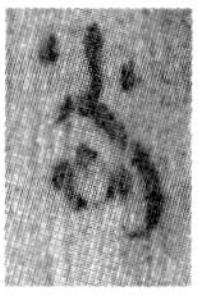

8-211 令史尚視平 按：「尚」，人名。

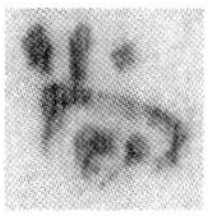
16-5b　隸臣尙　按：「尙」，人名。

公

0089

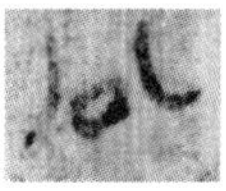
5-5　戔麥公

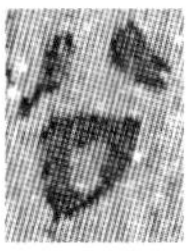
8-60正　公士

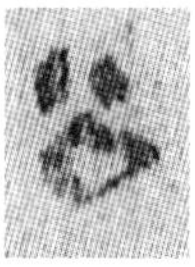
8-63正　左公田

8-1236+8-1791　公士

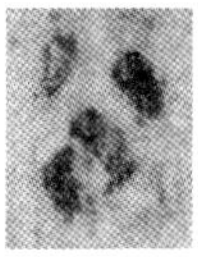
9-12a　公卒

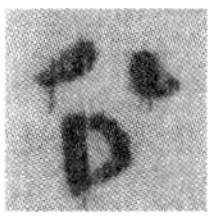
9-1625　公孫黚受令　按：「公孫黚」，人名。

必

0090

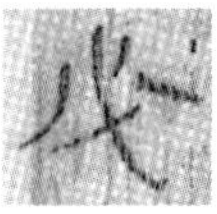
8-138正+8-174正+8-522正+8-523正　行廟者必謹視中☐

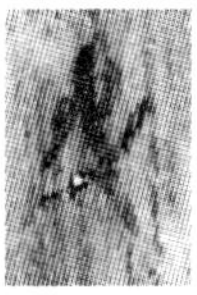
8-1290+8-1397　雖久病必已

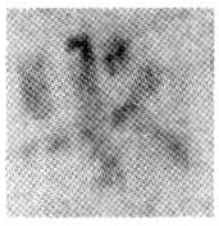
16-5a　傳送委輸必先悉行

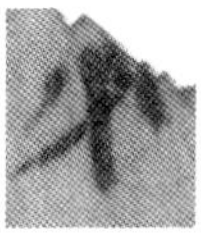
16-6a　必先悉行

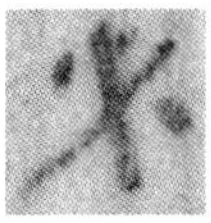
16-6a　必先悉行

宷

0091

8-140正　問審　按：字形與《說文》篆文同。

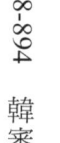

8-547+8-1068　問容道臨沅歸。審

8-557　能審

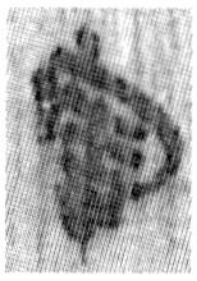

8-894　韓審里　按：「韓審里」，地名。

8-970　臨沅論言事不窮審及

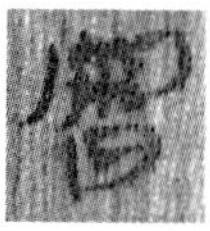

8-997　不審獻此程令

悉

0092

8-336　悉求及☐

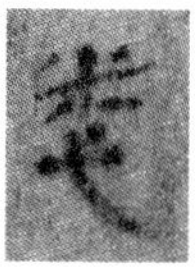

12-3　☐金倉徒悉采錫

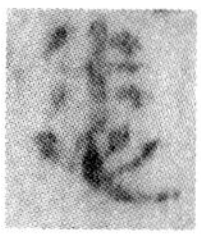

16-5a　必先悉行

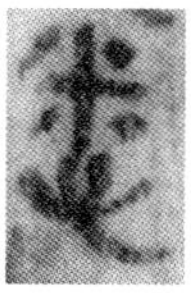

16-6a　必先悉行

半
半（篆）
0093

6-1正第六欄　二半而一

6-12　粟五石三斗泰半

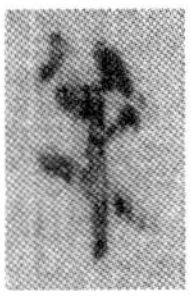
9-762　一石九斗少半斗

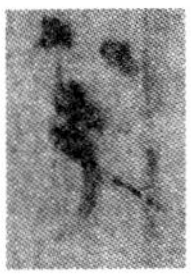
9-1112b　丞半

16-9b　貄半☐　按：「貄」，人名。

牛
牛（篆）
0094

8-62正　葆繕牛車薄（簿）

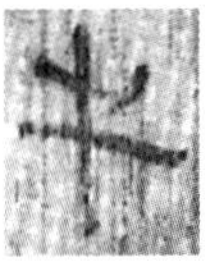
8-102+8-597　賣牛及筋

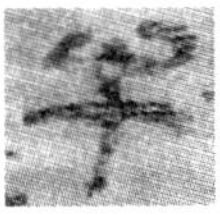
8-461正第二欄　牛車

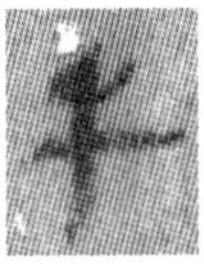
8-481第二欄　畜官牛計

8-490+8-501第二欄　畜牛產子課

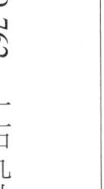

牡

0095

8-2491第一欄　牡㒵一

8-2491第一欄　牡豕四

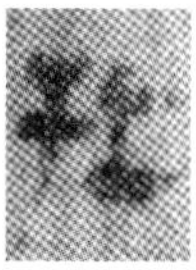

9-2352a　乘馬一匹騂牡

9-43　大女子牡衡　按：「牡」，《博物館校訂》釋「杜」，實為「牡」。「牡衡」，人名。

10-4第二欄　牡犬一

牝

0096

8-561　牝豚一

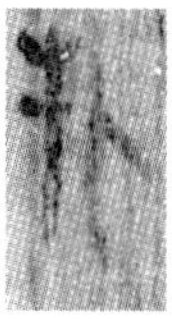

8-1443正+8-1455正　牝馬一匹

10-4第一欄　牝㒵一

10-4第二欄　牝犬一

牽

0097

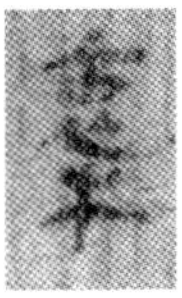

9-2352a 傳送牽遷陵拔乘馬一匹

牢

0098

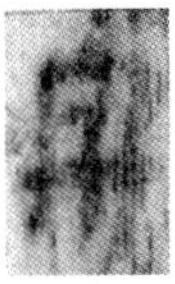

7-67+9-631第三欄 牢監一人

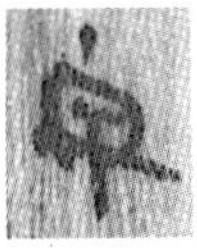

8-45+8-270 牢監

8-273+8-520 牢人

8-728背+1474背 牢人

8-1401 牢人

8-2101第一欄 牢司寇

物

0099

8-103 ☐毋物可問者

8-1221 凡三物

8-1721 財物

8-659正＋8-2088正 毋物可問

9-3a 物故

9-29 千二百八十四物同券齒

犛

0100

9-12a　陽陵犛里　按：「犛里」，地名。

氂

0101

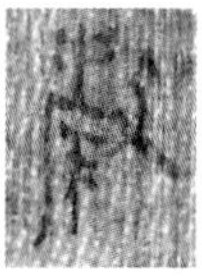

8-1526背　氂　按：簡文此面僅一字，語義不詳。

告

0102

5-9正　以公命告　按：此簡帶有楚系文字風格。

6-4　遷陵守丞敦狐告船官

8-164正+8-1475正　謁告

8-459　敢告

12-1178　敢告

12-1786+8-2260　敢告

口  0103

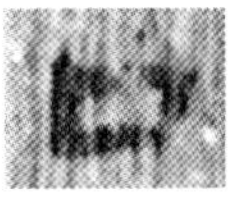
5-18　凡口數六十五

8-92第二欄　貳口▨

8-704正+8-706正　人口數　按：《釋文》未釋，《校釋》釋「口」。

嗛  0104

8-231　詰卂嗛寄戍卒大夫□食　按：「嗛」，《釋文》、《校釋》釋「兼」。《校釋》讀為「廉」，為地名。實為「嗛」，讀為「廉」。

8-682正　妶、嗛、涓、姣　按：「嗛」，人名。

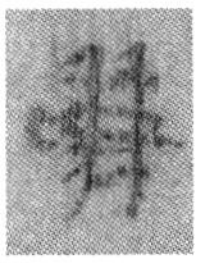
K1/25/50第一欄　妻曰嗛　按：「嗛」，人名。

含

0105

8-2388 ☐☐含苔☐ 按：辭例殘缺。《釋文》釋「舍」，《校釋》釋「含」。

名

0106

8-8 人名

8-198正+8-213正+8-2013正 定當坐者名吏里

9-3a 司空不名計

9-3a 計年、名

12-1786+8-2265 定名

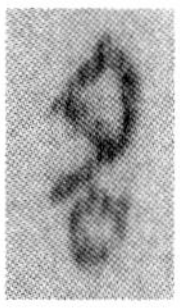

16-5a 當坐者言名夬（決）泰守府

吾

0107

8-136背+8-144背 小史夷吾 按：「夷吾」，人名。

8-1340　鄉守吾　按：「吾」，人名。

8-1557　佐吾　按：「吾」，人名。

8-1742　鄉守吾　按：「吾」，人名。

9-2350a　士五（伍）吾　按：「吾」，人名。

12-2301　奇里呂吾　按：「呂吾」，人名。

君

0108

8-178正　君子

8-1198　君子

8-2114　☐主君不□☐

命

0109

8-461第二欄　以命爲皇帝

8-439+8-519+8-537+8-1899　奔命

8-1234 衡山守章言衡山發弩丞印亡謂更爲刻印·命

召

0110

8-4 文召 按：「文召」，地名。

8-1312 以彊（強）辥召

問

0111

8-62正 問之

8-659正+8-2088 多問

8-1850 問使者

8-659正+8-2088 毋物可問

9-3a 計問

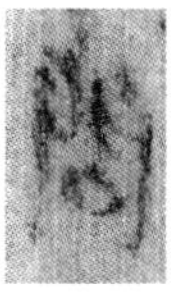

9-158 問之

唯

0112

8-103 ☐□□□唯毋□□☐ 按：簡支左側殘缺。

8-736正　其四人吏養：唯、冰、州□▨　按：「唯」，人名。

8-1252　唯毋失期

8-1552　唯毋遺

和

0113

8-61正+8-293正+8-2012正　和手　按：「和」，人名。

8-550　典和占　按：「和」，《釋文》釋「私」，《校釋》釋「和」。

8-1221　枯橿、菌、桂治各一，凡三物并和

8-1290+8-1397　以溫酒一桮和歓之

8-1900　用和桼六斗八升

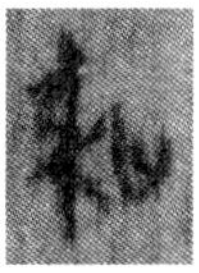

16-1010　和〈私〉詣　按：「和」，《博物館校訂》以為「私」之誤字。

台

0114

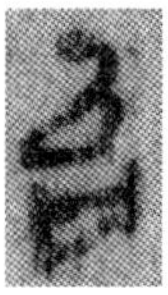

K1/25/50第三欄　小子上造台　按：「台」，人名。

咸

0115

8-1533　咸陽　按：「咸陽」，地名。

8-1545　咸陰　按：「咸陰」，地名。

右

0116

8-192正　☐右☐　按：辭例殘缺。

8-439+8-519+8-537+8-1999　右里　按：「右里」，地名。「右」，《釋文》釋「各」，《校釋》釋「右」。

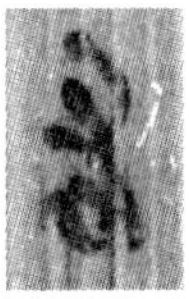

8-462+8-685正　泰山木功右□守丞

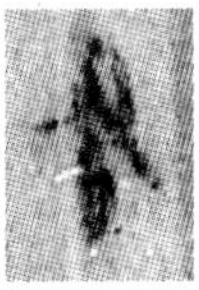

8-1831　右縣官　按：「右」，《釋文》釋「各」，《校釋》釋「右」。

吉

0117

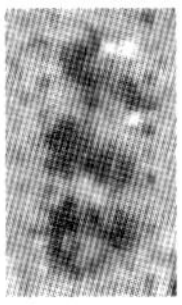

8-2034　其五人求羽：吉、□、哀、瘳、嬗　按：「吉」，人名。

周

0118

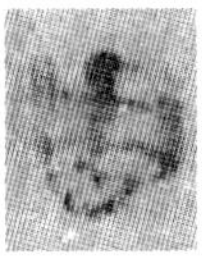

8-439+8-519+8-537+8-1899　校長周　按：「周」，人名。

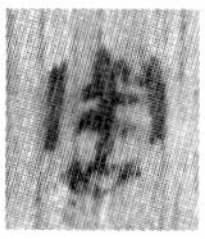

8-1516正 沮守周 按：「周」，人名。

8-1516正 問之，周不在 按：「周」，人名。

8-2153 令徒周□▨ 按：「周」，人名。

8-2247 隸臣周 按：「周」，人名。

唐

0119

8-92第二欄 唐▨ 按：辭例殘缺。

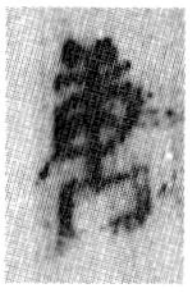

8-140正 桑唐 按：「桑唐」，地名。

8-888+8-936+8-2202 少內唐 按：「唐」，人名。

8-1114+8-1150 唐亭 按：「唐亭」，地名。

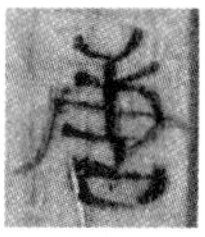

9-1112a 唐亭 按：「唐亭」，地名。

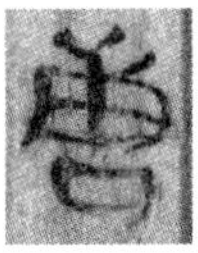

9-1112a 唐亭 按：「唐亭」，地名。

各

0120

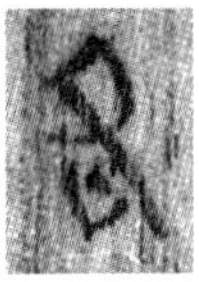

8-236 各十四日

8-754正+8-1007正 各三甲

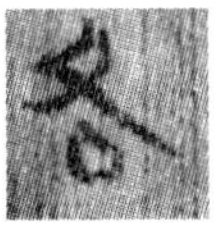

8-967 各三

8-64正+8-2010正 各上應書廷

8-2524 ☑□各三□☑

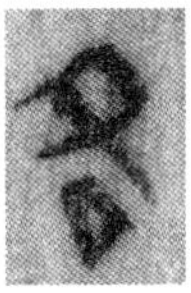

12-1784a 各上所糴粟數

哀

0121

8-2034 其五人求羽：吉、□、哀、瘳、嬗 按：「哀」，人名。

8-2125　☑□得，哀☑　按：辭例殘缺。

8-2144+8-2146第一欄　☑務：哀　按：「哀」，人名。

0122 嗅

8-1380正　嗅吳　按：似為習字簡。

0123 唒

8-1481背　☑□唒季一石　按：「唒季」，《校釋》疑為人名。

0124 單 單

8-92第一欄　閻單　按：語義不詳。

8-439+8-519+8-537+8-1899　絡單胡衣一

喪

0125

9-2294a+9-2305a+8-145正第五欄　林、嬈、粲、鮮、夜、喪　按：「喪」，人名。

走

0126

8-100.1　賤走骨☐

8-133　水下四刻走賢以來

8-220　☐爰書走使□☐

8-1490正+8-1518正　令史敞、彼死共走興

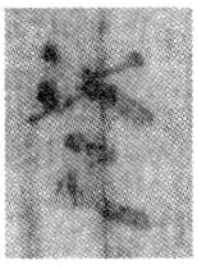

9-1112b　郎令走涂行

16-3　九月己亥水下八走印

越

0127

8-323　☐劾越死☐　按：辭例殘缺。

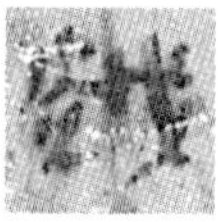

8-528正+8-532正+8-674正 ☐□吏治從人者所毋當令者□☐

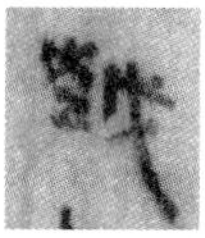

12-10b 越人以城邑反

起

0128

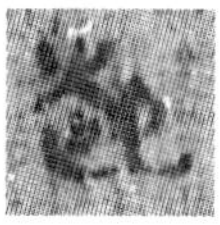

8-173正 署書到、吏起時

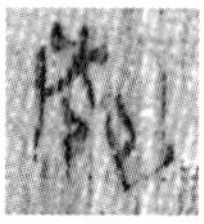

8-248 ☐勿留言瘳起☐

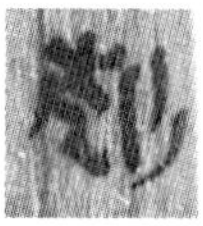

8-373 九月辛丑走起以來

8-648正 書癸亥到，甲子起，留一日

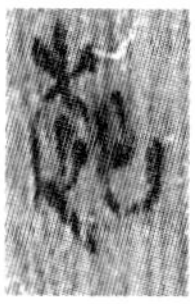

8-944+8-1646 壬午起，留二日

9-2301 二月乙亥旦食起詣廷

趙

0129

8-140正 士五（伍）桑唐趙 按：「趙」，人名。

8-767正 啓陵鄉趙 按：「趙」，人名。

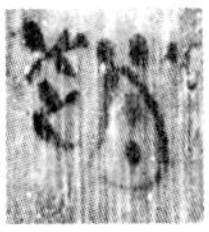

8-1478正　趙柏　按：「趙柏」，人名。

8-1562正　令史上見其詈趙　按：「趙」，人名。

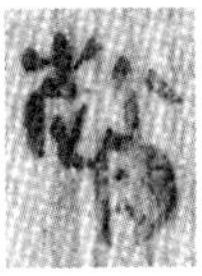

8-1690　倉趙　按：「趙」，人名。

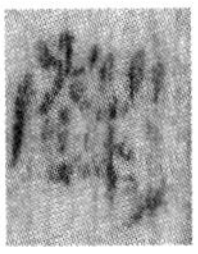

K/49第四欄　子小女子趙　按：「趙」，人名。

赿

0130

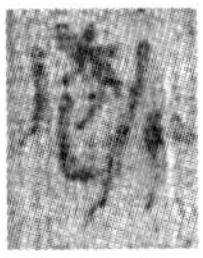

8-1510背　佐赿　按：「赿」，人名。

15-259　武陵丞赿　按：「赿」，人名。

止

0131

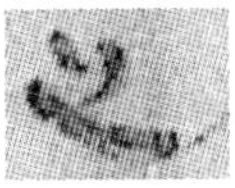

8-69正+8-143正+8-2161正　今止行書

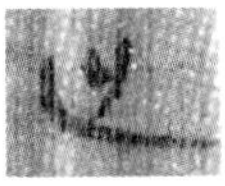

8-268+8-1416　☐止，當助臨沅毄盜☐　按：辭例殘缺。

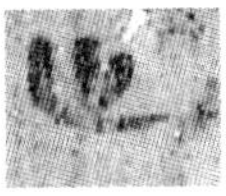

8-1437背　武武武止武　按：習字簡。

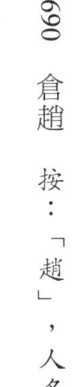

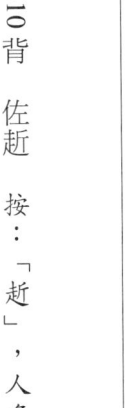

前

0132

8-210　令史除、佐朝雜隄（題）遷陵丞歐前

8-558　二月戊辰前且在□☐

8-1186　☐前☐　按：辭例殘缺。

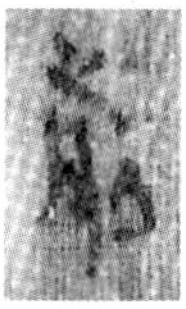

8-1711　☐解它如前☐

9-757　遷陵守丞銜前令

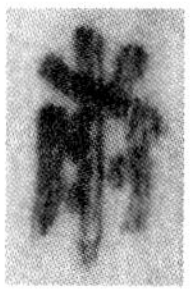

16-5b　前書已下

歸

0133

8-135正　未歸船

8-140正　士五（伍）桑唐趙歸　按：「趙」，人名。

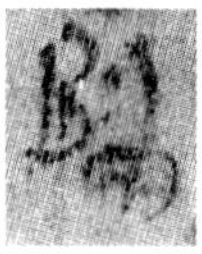

8-702正+8-751正　敢告遷陵丞主：主曰當歸

8-777　擇免歸

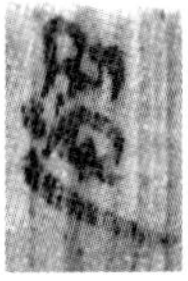

8-666正＋8-2006正 冗戍士五（伍）□歸高成免衣用

16-2032a 佐史日備歸者

𣦃

0134

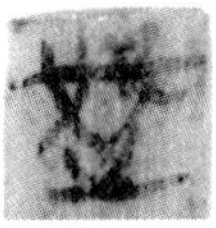

5-5正 𣦃夌公 按：「𣦃夌」，地名。此簡帶有楚系文字風格。

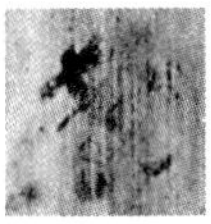

5-8背 𣦃夌 按：「𣦃夌」，地名。此簡帶有楚系文字風格。

登

0135

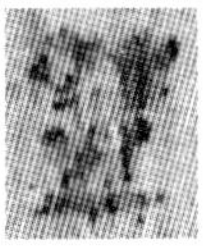

8-149+8-489第二欄 更戍登二甲

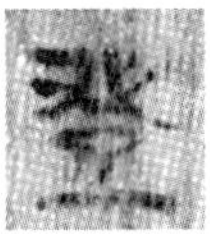

8-429 士五（伍）資中宕登爽 按：《校釋》以為「登」為地名或人名。

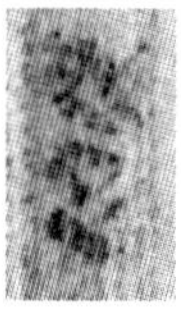
8-686正+8-973正第二欄 城旦一人約車：登 按：「登」，人名。

步 0136

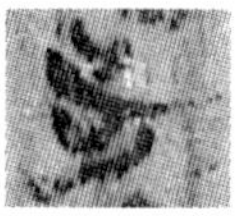
8-143正+8-69正+8-2161正 步（涉）冬多雨 按：「步」，通「涉」。

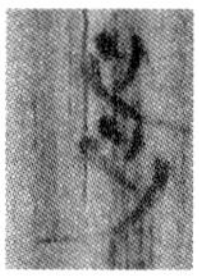
9-14a 百廿步

9-14a 在故步北

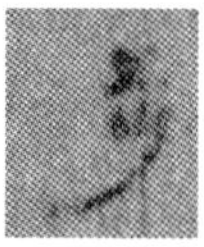
9-2352a 八十步

歲 0137

8-269第一欄 四歲

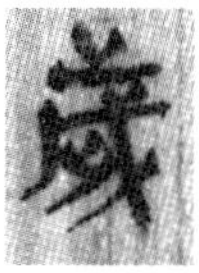
8-627 卒歲

8-894 四歲

8-988 廿八歲

8-2133 卌歲

9-757 卅一歲

此

0138

8-8　毋應此里人名者

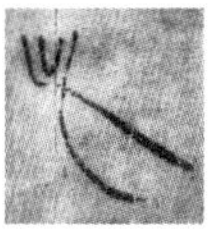

8-94　具此

8-1770正　與此相遝

8-198正+8-213正+8-2013正　☐其問官下此書軍吏

9-2301　行此書者毋留

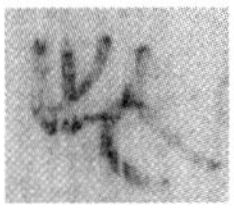

16-752　計籍志副具此中

里耶秦簡文字編·卷二下

正

0139

8-157正　正月

8-157背　正月

8-214　正月

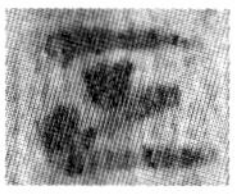

8-259+8-1229　正月

8-839+8-901+8-926　正月

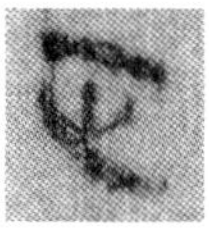

9-762　正月

乏

0140

8-1222　稟乏食

8-1716　毋將陽闌亡乏戶

是
0141

8-45+8-270　倉是　按：「是」，人名。

8-152正　少內守是　按：「是」，人名。

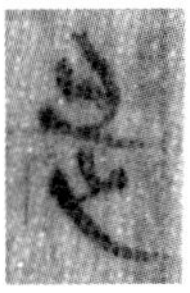
8-211　倉是　按：「是」，人名。

8-561　倉是　按：「是」，人名。

8-1540　倉是　按：「是」，人名。

14-375　倉是　按：「是」，人名。

辵
0142

8-687正　☐隋延辵　按：似為習字簡。

辻
0143

8-143正+8-69正+8-2161正　今止行書徒更戍城父

8-1742+8-1956　貳鄉守吾作徒薄（簿）

8-673正+8-2002正 書毋徒捕羽

8-2153 ▨辰望令徒周□▨

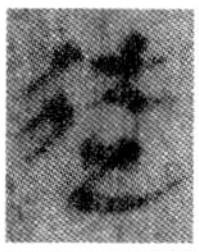

12-3 金倉徒悉采錫

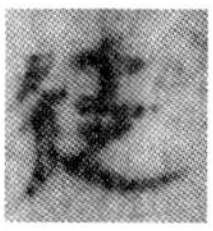

16-5a 縣卒徒隸

隨

0144

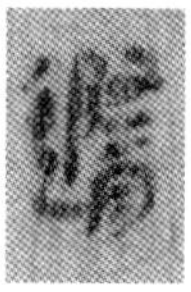

9-2352a 馬不能上，即隨（墮） 按：「隨」，通「墮」。

適

0145

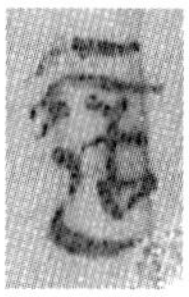

8-50+8-422 畜官適□▨ 按：「適」，人名。

8-68正 適言之 按：似為習字簡。

8-1029 啓陵鄉守狐出貸適戍□▨

8-1193 ▨有適□尉主□▨

過

0146

8-977+8-1821　□□□季適□領適禪□　按：辭例殘缺。

8-169正＋8-233正＋8-407正＋8-416正＋8-1185正　謁告過所縣鄉以資牘（續）食

8-702背+8-751背　過冊人到八十人

8-761　史過　按：「過」，人名。

8-1139　過程　按：《校釋》以為指「超出規程」之義。

8-1517正　謁告過所縣以縣鄉次續食

9-739　五月庚寅旦過酉陽督郵

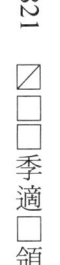

進 0147

7-4a　今敬進

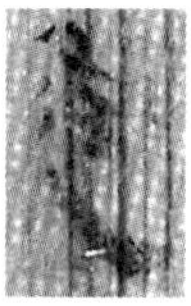
8-206背　進書

8-659正+8-2088　進書爲敬

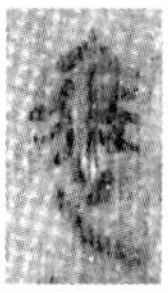
8-1529正　進書

8-1817　私進令史芒季自發

12-853　私進令史相柏

造 0148

6-31　上造

8-19第一欄　小上造

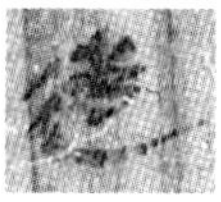
8-647正　上造

8-26正+8-752正　上造

8-1089　上造

10-1157　小上造

還 0149

8-136正+8-144正　有還耐辠以上

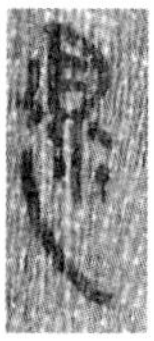
8-1138　以此論除郤還

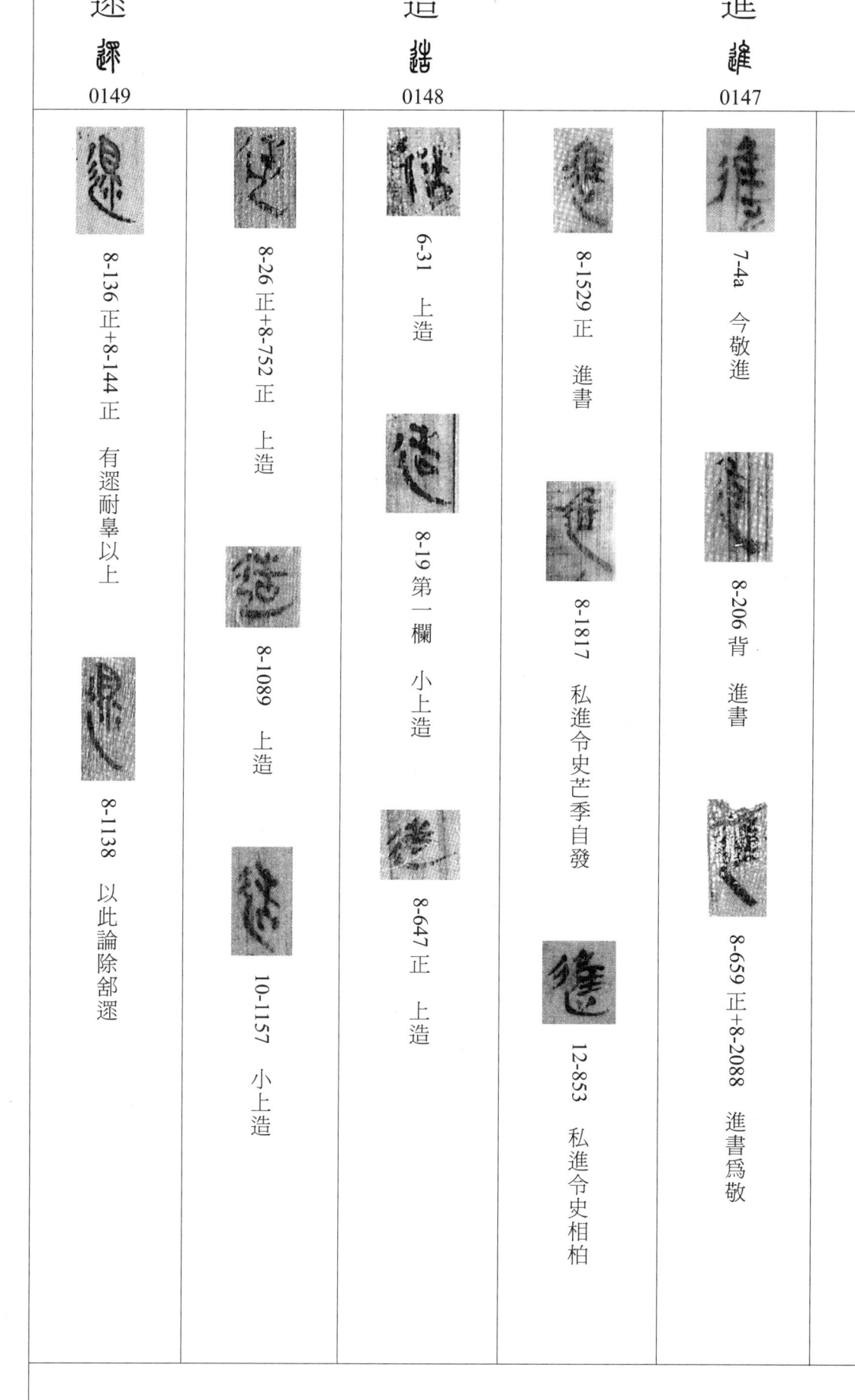

8-1423 遝遷陵

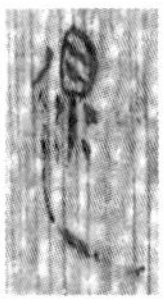

8-1441正 遝遷陵獄史□

8-1770正 與此相遝

10-1596a 遝廿九年

速

0150

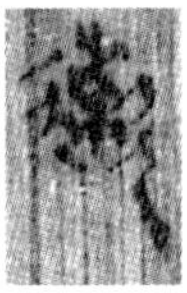

8-1642 史遫 按：「遫」，字形與《說文》籀文同。人名。

8-1765 小臣遫 按：「遫」，人名。

9-3b 陽陵遫 按：「遫」，人名。

9-7b 陽陵遫 按：「遫」，人名。

9-11a 陽陵遫 按：「遫」，人名。

9-12b 陽陵遫 按：「遫」，人名。

逆

0151

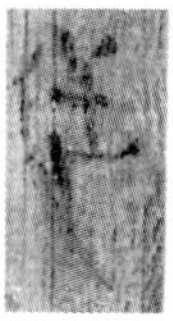

8-737背 ☐逆☐ 按：辭例殘缺。

逢

0152

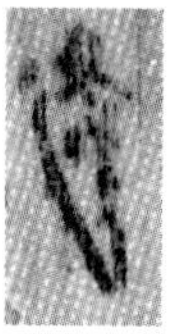

8-538 鄉守逢 按：「逢」，人名。

8-1815+8-1830+8-2239 史逢 按：「逢」，人名。

通

0153

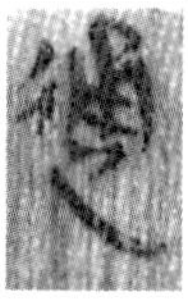

8-2014背 通食 按：「通食」，《校釋》以為指「送飯」。

辿

0154

8-63正　辿（徙）屬

8-167正+8-194正+8-472+8-1011　以遷陵船辿（徙）卒史

8-1443正+8-1445正　今辿（徙）爲臨沅司空嗇夫

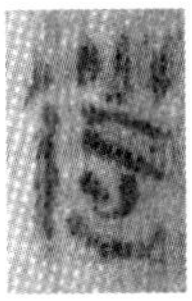

8-1546　辿（徙）爲陽里戶人大女子嬰隸

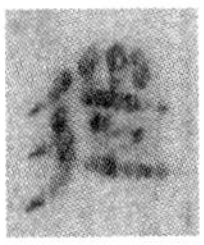

16-9a　辿（徙）都鄉

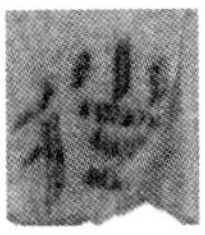

16-9a　今問之劾等辿（徙）☐

遷

0155

5-35　遷陵　按：「遷陵」，地名。

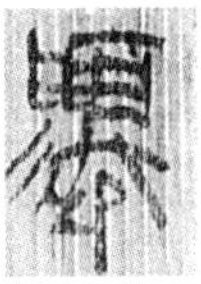

6-2　遷陵　按：「遷陵」，地名。

8-60正+8-656正+8-665正+8正-748正　遷陵丞　按：「遷陵」，地名。

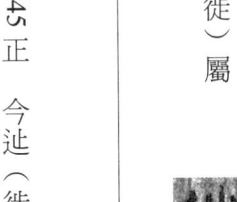

8-137正　遷陵丞　按：「遷陵」，地名。

8-136正+8-144正　遷陵　按：「遷陵」，地名。

8-1541　遷陵　按：「遷陵」，地名。

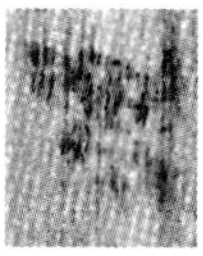

8-1873+8-1946　以戶遷廬江

9-7b　遷陵丞　按：「遷陵」，地名。

運

0156

8-31　其一人爲甄，運土

送

0157

8-1562正　送書

9-2352a　傳送

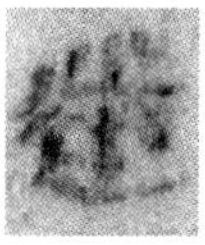

16-5a　傳送

16-6a 傳送

遣

0158

8-140正 遣之

8-136正+8-144正 遣言

8-198正+8-213+8-2013正 遣詣廷

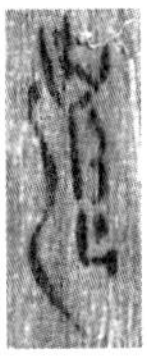

8-2026背 遣戍

9-984a 遣歸

9-1112a 遣卒

逮

0159

8-135正 狼有逮 按：「狼」，人名。「逮」，《釋文》釋「律」，《校釋》釋「逮」。「有逮」，被逮捕。

8-2091第一欄 有逮 按：「逮」，《釋文》釋「律」，《校釋》釋「逮」。

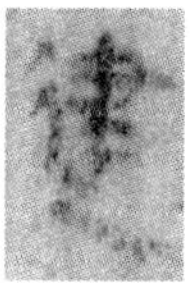
9-984a 有逮事

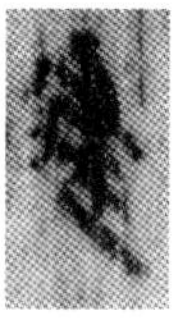
9-2294a+9-2305a+8-145正第一欄 四人有逮

避

0160

8-2256 ☐就欲以何避☐

連

0161

8-141背+8-668背 連手 按：「連」，人名。

遺

0162

8-445 室遺廿八年衣用未得

8-647正 ☐☐遺莫邪衣用錢五百未到

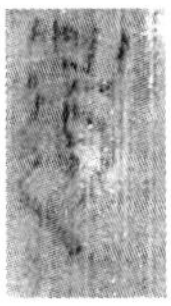

8-1552　毋遺

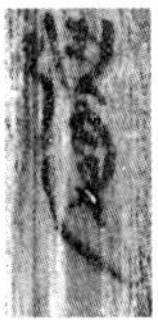

8-1799　☒□受家占遺用錢☒

遂

0163

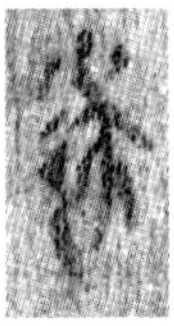

8-849　付庫守遂　按：「遂」，人名。

追

0164

8-759　洞庭叚（假）守繹追遷陵

8-1123　☒□今視渠良追薄

9-3b　追敢言之　按：「追」，人名。

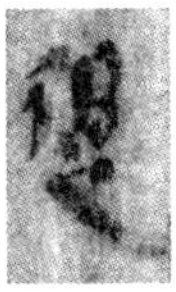

9-712a+9-758a　皆以郵行，書到相報。不報，追

9-1112a　壯卒少，不足以追

0165 逐

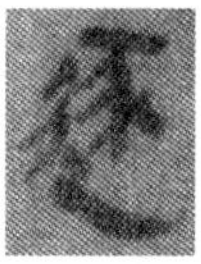

7-304b　令史逐　按：「逐」，人名。

8-672背　史逐以來　按：「逐」，人名。

8-701背　逐手　按：「逐」，人名。

8-1278+8-1757　啓陵鄉守逐　按：「逐」，人名。

8-1557　令史逐　按：「逐」，人名。

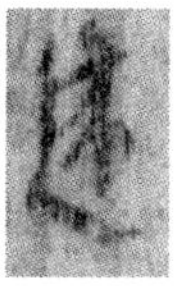

16-9b　逐手　按：「逐」，人名。

0166 近

8-130正+8-190正+8-193正　近所官

0167 逷

9-2294a+9-2305a+8-145正第五欄　一人守船：逷　按：「逷」，人名。

遠

0168

8-78正　毋令慶有所遠之

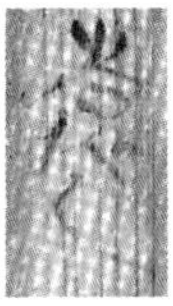
8-2000　甚遠

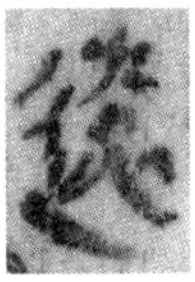
9-3a　道遠

道

0169

7-304a　黔道〈首〉　按：「道」，「首」之誤字。

8-138正+8-174正+8-522正+8-523正　先行道旁曹始

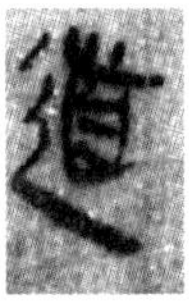
8-573　☐☐□縣道□☐

8-665正　僰道　按：「僰道」，地名。

8-60背+8-656背+8-665背+8-748背　僰道　按：「僰道」，地名。

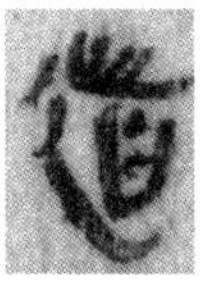
9-3a　道遠

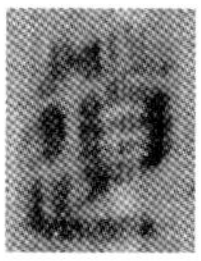

9-19第二欄　入道（䆃）米八斗七升　按：「道」，通「䆃」。

邉

0170

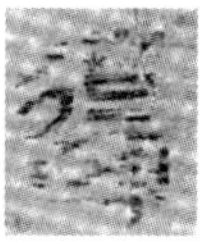

8-461正第二欄　邉（邊）塞曰故塞

逌

0171

8-149+8-489第二欄　佐逌　按：「逌」，人名。

⿺辶枼

0172

8-1442背　欲欲欲⿺辶枼　按：習字簡。

德

0173

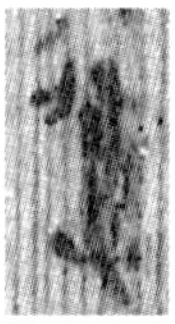

8-781+8-1102　壞（褢）德中里　按：「褢德」，地名。

8-1066　德、繞、旌、佁　按：「德」，人名。

8-1569　訊德　按：「德」，人名。

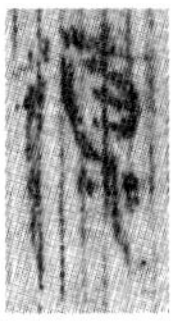
8-1574+8-1787　壞（褱）德中里　按：「褱德」，地名。

徑

0174

8-56　徑廥　按：據《校釋》，「廥」義為「倉」，「徑」為倉名。

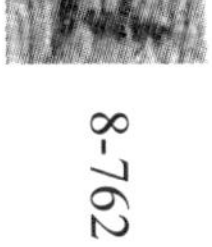
8-762　徑廥

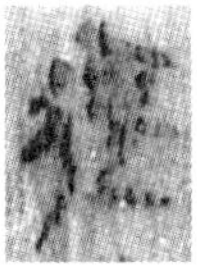
8-1081　徑廥

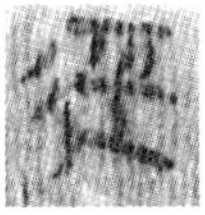
8-1239+8-1334　徑廥

8-1574+8-1787　徑廥

復

0175

8-135正　復獄

8-137正　復視官事如故

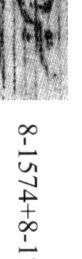

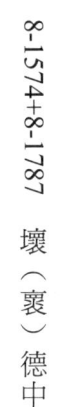

8-169正+8-233+8-407+8-416+8-1185 來復傳

8-1517正 來復傳

往

0176

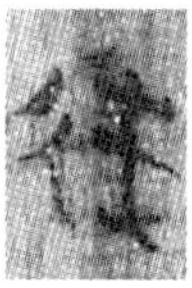

8-167正+8-194正+8-472+8-1011 令吏徒往取之

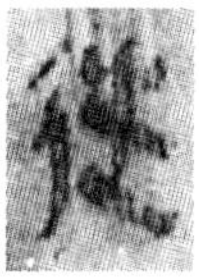

8-528正+8-532正+8-674正 往行

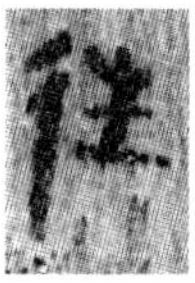

8-1131正 丙申往▨ 按：辭例殘缺。

8-1277 均佐上造郁郅往春曰田□

8-1463正 往采至今不來

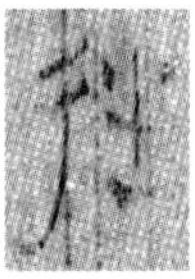

8-1715+8-1893 往

彼

0177

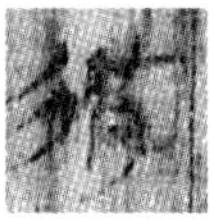

8-647背 彼死手 按：「彼死」，人名。

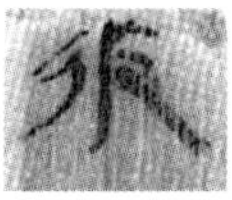

8-1490正+8-1518正 彼死 按：「彼死」，人名。

8-1490正+8-1518正　彼死　按：「彼死」，人名。

8-1490正+8-1518正　彼死　按：「彼死」，人名。

徼

0178

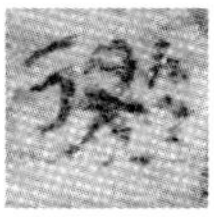

8-461正第二欄　毋塞者曰故徼

8-831　⧄□徼　按：辭例殘缺。

8-1529背　見徼十五人　按：「徼」，《校釋》以為同「檄」。

循

0179

5-6正　□□□循行以□　按：辭例殘缺。

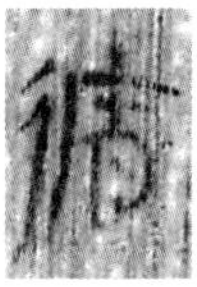

8-797　循欲欲□⧄　按：辭例殘缺。

徐

0180

8-1069正+8-1434正+8-1520正　頡、徐、娃　按：「徐」，人名。

8-1563正　安成徐署遷陵　按：「徐」，人名。

8-1563正　今徐以壬寅事謁　按：「徐」，人名。

8-1162+8-1289+8-1709　隸臣徐　按：「徐」，人名。

8-2115　守丞徐爲敢言之　按：「徐為」，人名。

待 0181

6-40正　□□食□待□　按：辭例殘缺。

後 0182

8-120　後年

8-164正+8-1475正　元年後九月

8-1449正+8-1484正　卅四年後九月

8-1510正　庫後敢言之　按：「後」，人名。

12-682　後年

12-1784a　各上所糴粟數後上見存

得 0183

5-17　以得律令

8-125　得手　按：「得」，人名。

8-154背　鄅人得行　按：「得」，人名。

8-659正+8-2088　得毋爲事☐

8-1712+8-1811　得六十☐

9-12b　未得報謁

律

0184

5-17　律令

6-4　律令

8-21　以律令從事

8-143背+8-69背+8-2161背　如律令

9-3b　以律令從事

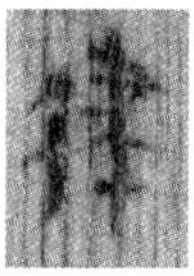
9-39　律曰

御

0185

8-152　廷下御史

8-632　御史

8-141正+8-668正　御史

11-34　洞庭監御史

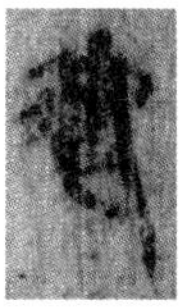
12-447b　▨書御它志

休
0186

9-19a 第二欄　入休（秫）米二石　按：「秫」，通「秫」。

廷
0187

8-1　廷戶發

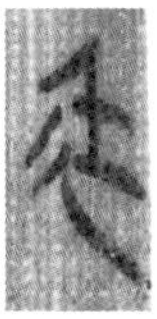
8-65背　廷戶發

8-156　廷主戶發

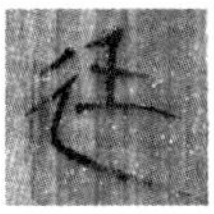
8-554　廷吏曹

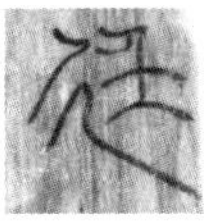
8-1776　廷金布□治笥

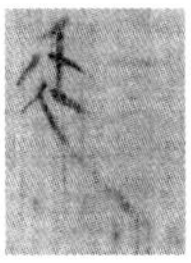
9-2301　二月乙亥旦食起詣廷

建
0188

8-200背+8-296背　聿聿建安　按：似為習字簡。

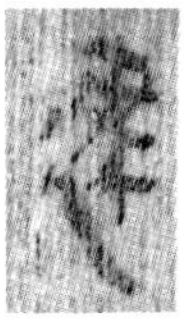
8-845　庫建　按：「建」，人名。

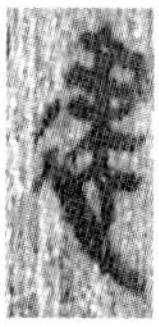

8-993 庫建 按：「建」，人名。

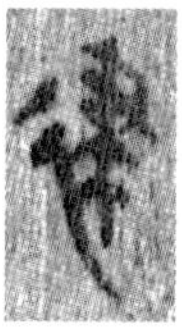

8-1002+8-1091 庫建 按：「建」，人名。

8-1055+8-1579 庫建 按：「建」，人名。

延

0189

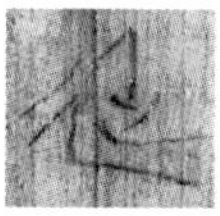

8-687正 ▨隋延㢟 按：似為習字簡。

行

0190

6-2 遷陵以郵行洞庭

8-12 遷陵以郵行

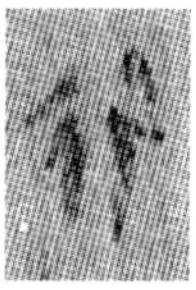

8-63正 即走申行司空

8-1840 遷陵以郵行洞庭

9-3b 以洞庭司馬印行事

衛

0191

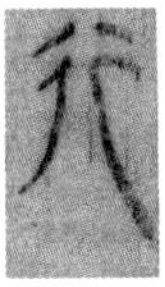

9-2301　行此書者毋留

7-304a　衛（率）之六人六十三分人五而死亡一人　按：「衛」，同「率」。

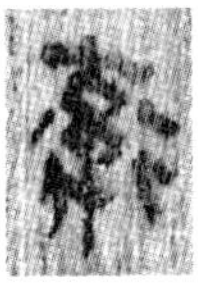

8-845　衛（率）之，斗二錢

8-907+8-923+8-1422　衛（率）之，斗二錢

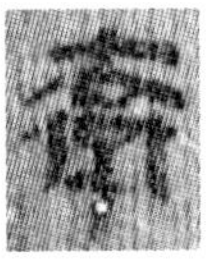

8-927　衛（率）之，萬五千三戶而□▨

8-967　衛（率）之，各三

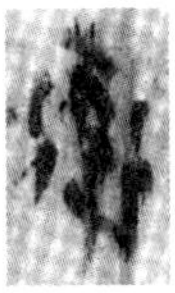

8-1519正　衛（率）之，畝一石五

衛

衛

0192

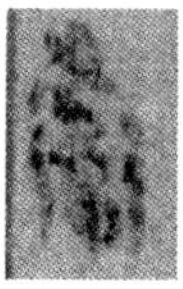

K2/23 第一欄 弟不更衛 按：「衛」，人名。

K2/23 第二欄 衛妻曰有 按：「衛」，人名。

齒

齒

0193

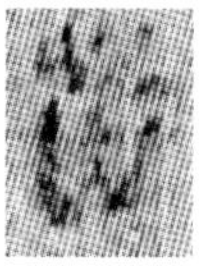

8-149+8-489 第三欄 更戍齒贖耐 按：「齒」，人名。

8-892 ☐一枚十二同齒

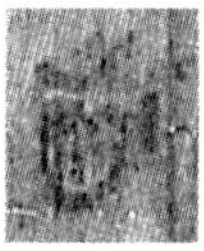

8-893 一☐二百六十六同齒

8-1554 凡十一物，同券齒

9-29 千二百八十四物同券齒

9-2147 ☐齒 按：辭例殘缺。

齮

0194

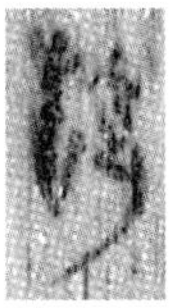

5-1正 齮手 按：「齮」，人名。

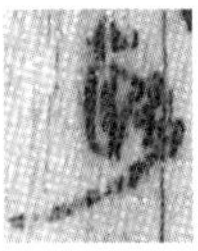

8-704正+8-706正 令齮定□☒ 按：「齮」，人名。

8-704背+8-706背 守丞齮 按：「齮」，人名。

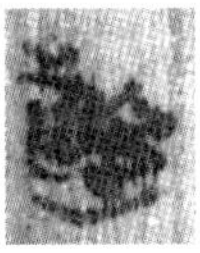

8-1563背 齮手 按：「齮」，人名。

齰

0195

8-533第一欄 齰城旦 按：「齰」，人名。

8-827 隸臣齰 按：「齰」，人名。

8-1938 ☒齰 按：「齰」，字形上部殘損。辭例殘缺。

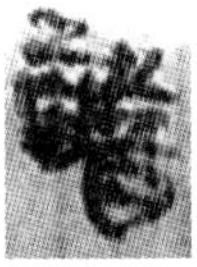

8-2137 ☒齰 按：辭例殘缺。

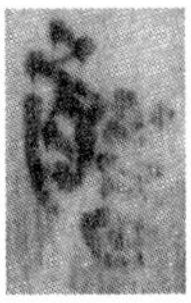

12-1784a 洞庭叚（假）守齰 按：「齰」，人名。

足

0196

8-90　以郪利足行洞庭

8-137正　畜官僕足　按：「足」，人名。

8-527背　遷陵以郪利足行洞☐

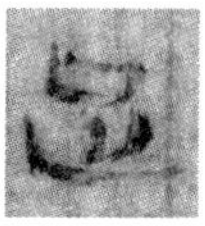

9-1112a　壯卒少，不足以追

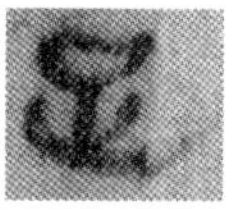

9-2296第一欄　錦一丈五尺八寸，度給縣用足

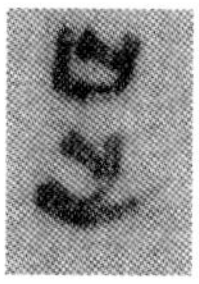

14-300+14-764　羊頭一，足四

踐

0197

8-651正　封當踐十二月更

16-5a　踐更

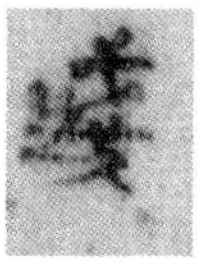

16-5a　踐更

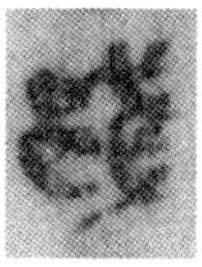

16-6a　踐更

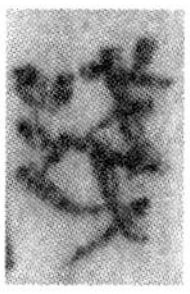

16-6a　踐更

0198 踵

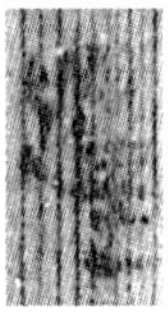

8-1376+8-1959　因以左足□踵其心

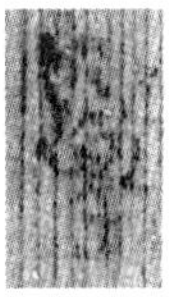

8-1376+8-1959　□子十踵

8-1376+8-1959　女子七踵

0199 路

8-1014　士五（伍）巫南就路　按：「路」，人名。

8-1083　士五（伍）巫南就曰路　按：「路」，人名。

0200 品

8-1923　☑品一□☑　按：辭例殘缺。

喿

0201

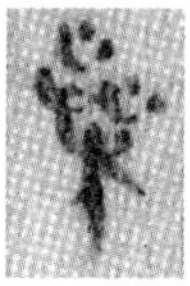

8-1552　戍卒喿（操）衣、器詣廷　按：「喿」，通「操」。

扁

0202

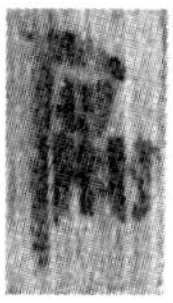

8-262　令史扁視平　按：「扁」，人名。

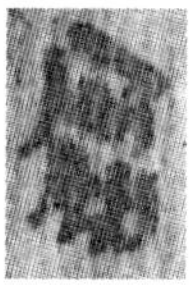

8-764　令史扁視平　按：「扁」，人名。

8-1081　令史扁視平　按：「扁」，人名。

8-1266　令史扁視平　按：「扁」，人名。

8-1783+8-1852　少內守扁　按：「扁」，人名。

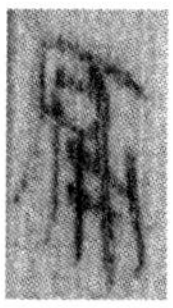

9-762　令史扁視平　按：「扁」，人名。

器

0203

里耶秦簡文字編·卷三上

8-435　不智（知）器及左券在所未

8-480第一欄　器計

8-493第二欄　工用器計

8-584　器羸及不備☐

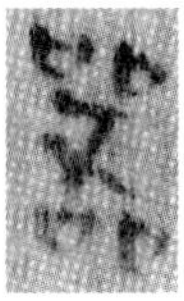

8-1552　戍卒喿（操）衣器詣廷

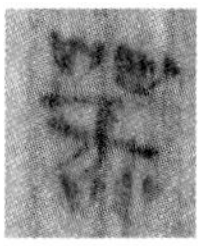

16-1163b　司空主器　按：「器」，人名。

干

0204

12-1784a 若干

矞

0205

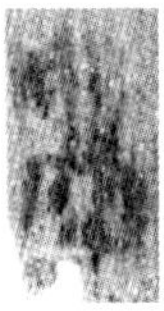

8-1664 矞 按：此行僅一字，《校釋》疑通「橘」。

商

0206

8-228 □□商丞□ 按：辭例殘缺。「商」，似為人名。

8-228 □下報商，書到☐ 按：「商」，似為人名。

笱

0207

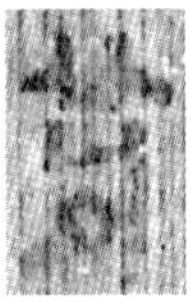

8-1943 佐笱得 按：「笱」，《釋文》、《校釋》釋「笞」，學者或釋「笱」。「笱得」，人名。

鉤 0208

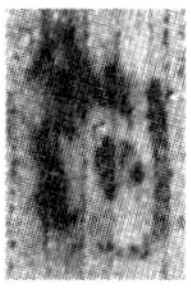

8-218 鉤六十六

糾 0209

8-746正+8-1588正 枳鄉守糾 按：「糾」，人名。

9-10b 糾手 按：「糾」，人名。

十 0210

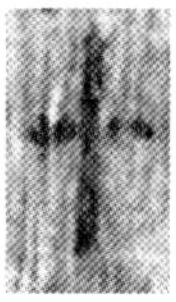

5-18 凡口數六十五

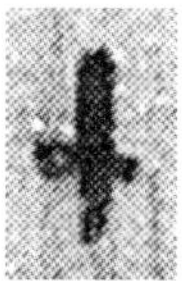

6-1正第二欄 八八六十四

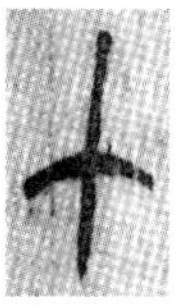

8-214 十一月

8-216+8-351+8-525 五十二人

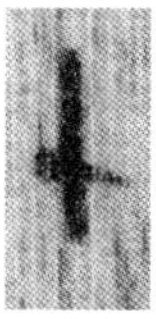

9-29 青十八

9-29 幾（機）百一十七

丈 0211

8-135正 三丈三尺

8-659正+8-2088 丈人

8-913 三丈四

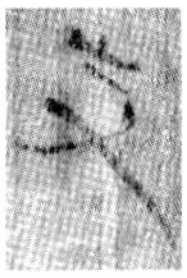

8-1033　白布廿四丈

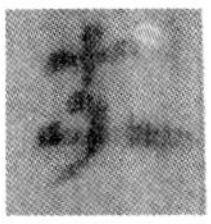

9-2296第一欄　一丈五尺八寸

9-2296第一欄　三百卅八丈

千

0212

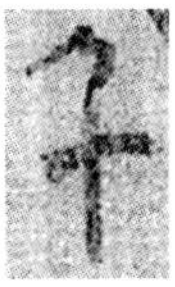

6-1正第六欄　凡千一百一十三字

8-60正+8-656正+8-665正+8-748正　四千

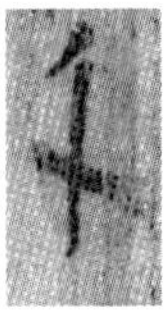

8-102+8-597　凡出錢千三百一十

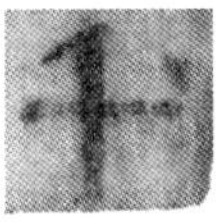

9-7a　貲錢萬一千二百七十一

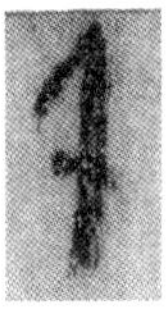

9-10a　貲錢千三百卅四

廿 廿 0213

8-164正+8-1475正　廿一牒

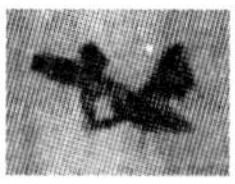
8-487+8-2004正　廿八年

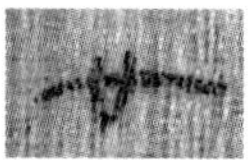
8-757　廿六年

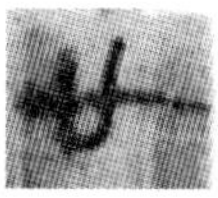
8-487+8-2004背第一欄　廿八年

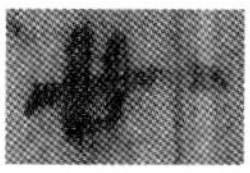
9-2296第一欄　廿四斤二兩

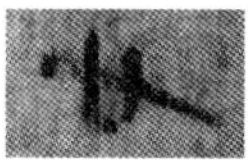
10-673　廿八年三月

卅 卅 0214

8-60正+8-656正+8-665正+8-748正　四千卅二

8-214　卅三年

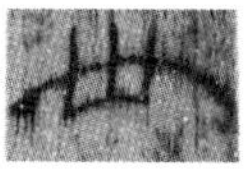
8-282+8-306　卅五年

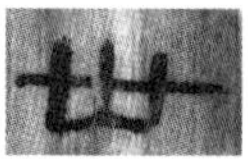
8-1200正　卅五年

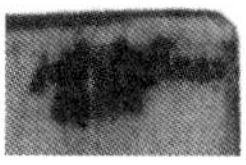
9-3a　卅三年三月

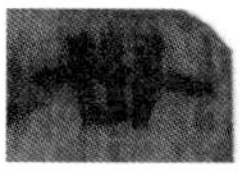
9-7b　卅四年八月

卌 0215

6-1正第二欄　六八卌八

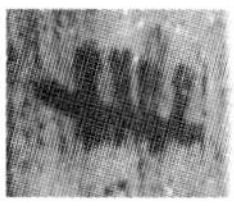
8-212+8-426+8-1632　卌七人

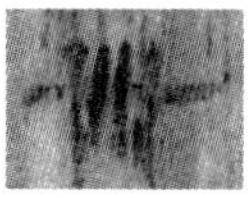
8-684正　四百卌四

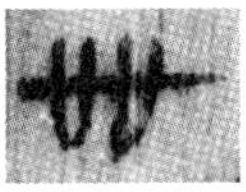

8-1519背　卌二畝

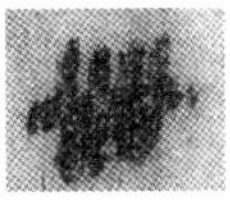

9-10a　千三百卌四

言 𧥢 0216

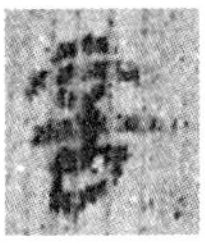

6-28　☐☐其言恐走實不見☐

8-62正　敢言之

8-163正　敢言之

8-60正+8-656正+8-665正+8-748正　自言家能入

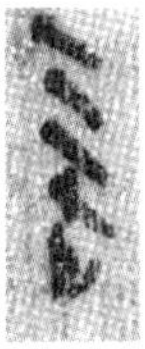

8-1559正　敢言之

9-3a　上謁言洞庭尉

談 𧬈 0217

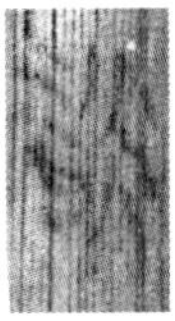

8-2021背　☐謁之傳叔簡直☐談室　按：語義不詳。

8-2215 □□曰談 按：辭例殘缺。

謂

0218

8-755正 洞庭守禮謂遷陵丞

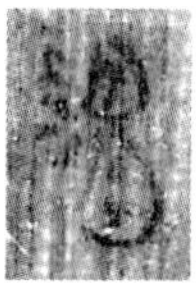

8-919 謂令佐

8-1560正 遷陵丞昌謂倉嗇夫令史言

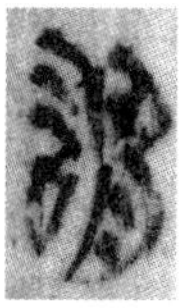

9-3b 洞庭叚（假）尉觿謂遷陵丞

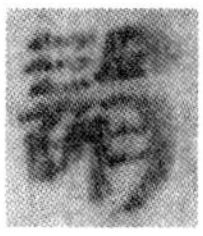

16-5a 洞庭守禮謂縣嗇夫卒史嘉

請

0219

8-200正+8-296正 求請得以卮求 按：似為習字簡。

8-487+8-2004正 如請史（事）書

8-1311　可有請尉府

8-1601　令禁弗得爲而請☑

8-2217　遷陵所請不遣者廿人

8-2226背+8-2227正　買請銅錫

謁

0220

7-4b　敢謁之

8-42+8-55　謁令

8-63正　謁告

8-60正+8-656正+8-665正+8-748正　上真書謁環（還）

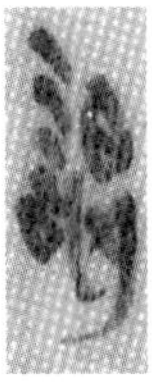

8-673正+8-2002正　謁令

9-3a　謁言洞庭尉

許

0221

8-1542+8-1781　許大得七

讎

0222

8-173正　廷書曰：令史操律令，詣廷讎

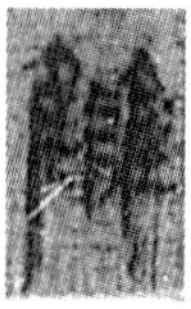

8-173正　今以庚戌遣佐處讎

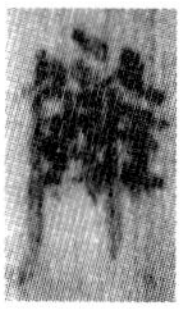

8-224+8-412+8-1415　有不讎，非實者，自守以下主者

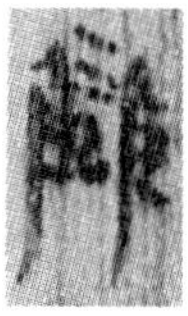

8-224+8-412+8-1415　御史案讎更弁

諸

0223

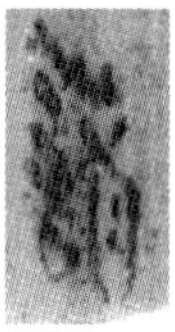

8-130+8-190背+8-193背　諸徒隸

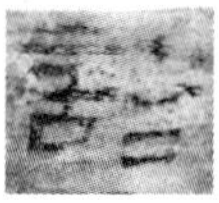

8-461正第一欄　諸官爲秦盡更

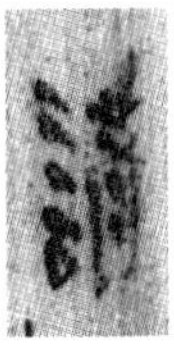

8-1832+8-1418 令曰：諸有吏治已決而更治者

讀

0224

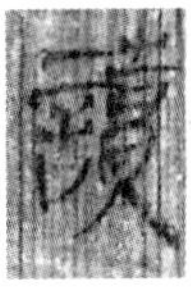

8-775+8-884 其有贖罪各以其贖讀論之

誨

0225

8-298 ☐誨旦先食☐

謀

0226

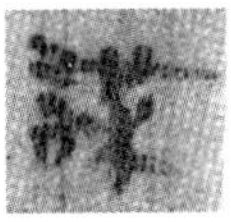

8-2364 ☐☐等謀以☐☐

論

0227

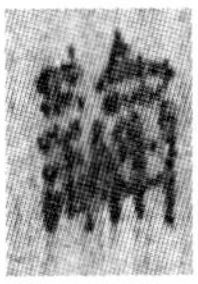

8-70正+8-1913正 以縱、不直論

8-164正+8-1475正 ☐☐而後論者獄校廿一牒

8-777　論報

12-1780a　今延盜，論貲一盾

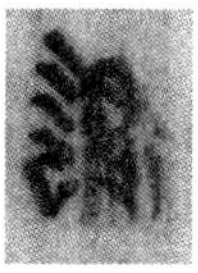
16-6a　以律令具論

16-2022b　☐史可論言夬☐

識

0228

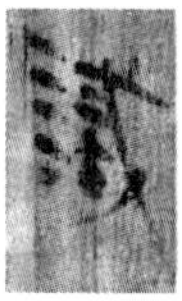
8-1322+8-1849+8-1882　☐不識日誠嘗取寄爲庸☐

9-3a　不識有貲餘錢千七百廿八

9-3a　不識戌洞庭郡，不䛗（知）何縣署

訊

0229

8-141正+8-668正　訊囚

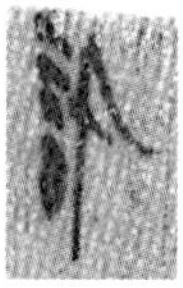
8-246　訊敬　按：「敬」，人名。

8-294　☑訊☑　按：辭例殘缺。

8-918　遷陵拔爰書即訊□☑　按：辭例殘缺。

8-1764　華訊于　按：「華」、「于」，人名。

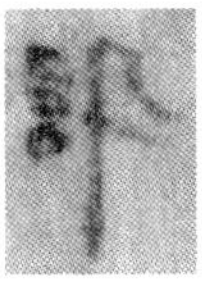
12-10a　遷陵拔訊榬蠻

謹

0230

8-138正　行廟者，必謹視中☑

8-155　遷陵守丞色下：少內謹案致之

8-1564　其謹案致

8-2147　☑當表職者謹表☑

9-1112b　尉下亭鄣，署士吏謹備

16-6a　謹案

信

0231

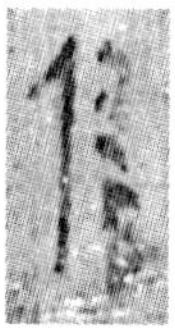

8-197正　令佐信行　按：「信」，人名。

8-677正　廄守信成　按：「信成」，人名。

8-782+8-810　季幸耤（籍）小吏□□信☐　按：辭例殘缺。

8-987　信符

誠

0232

8-1222　稟乏食，誠爲高里小男子賜

8-1354　辤（辭）曰：誠與倉銜　按：「銜」，人名。

8-1322+8-1849+8-1882　☐不識日誠嘗取寄爲庸☐

8-2319　☐□疪誠不☐

詔

0233

8-174 ☐廟詔令☐

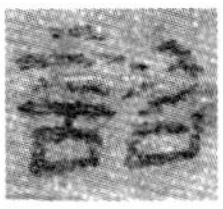

8-461正第二欄 以王令曰以皇帝詔

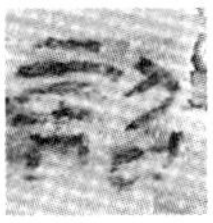

8-461正第二欄 爲謂□詔

8-703 詔☐ 按：辭例殘缺。

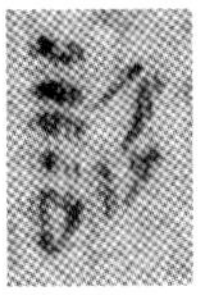

9-2352a 暴詔谿中 按：「暴詔谿」，地名。

課

0234

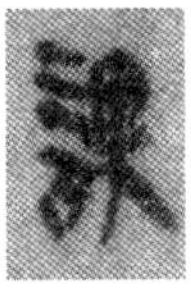

7-304a 作官府課

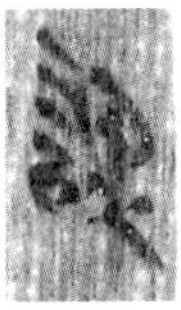

8-41 ☐死亡者別以爲二課

8-454第一欄 求課

8-482第一欄 司寇田課

8-645正 水火敗亡課一牒

9-1869a　狠（墾）田課一牒

試

0235

8-1376+8-1959　嘗試　按：「試」，《釋文》釋「誠」，《校釋》釋「試」。

14-831b　試以城邑反

說

0236

8-183+8-290+8-530正　遷陵守丞說　按：「說」，人名。

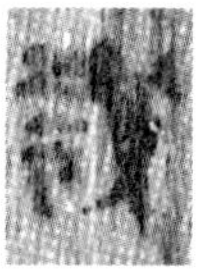

8-873　令丞、令史主解說爵及

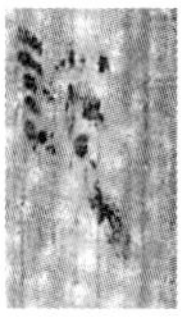

8-1004　夸曰：留十五日，說急告令去

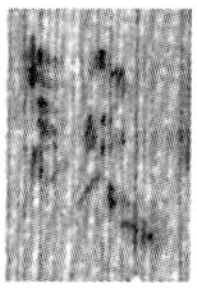

8-1688+8-1972　小男子說　按：「說」，人名。

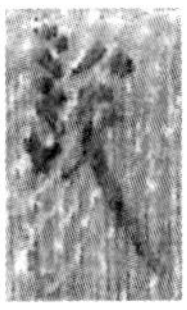

8-2027正　小男子說　按：「說」，人名。

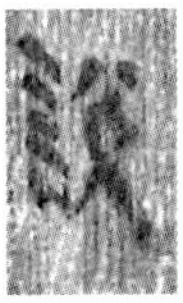

8-2027正　今尉徵說以爲求盜　按：「說」，人名。

計
計
0237

7-304a　已計廿七年餘隸臣妾百一十六人

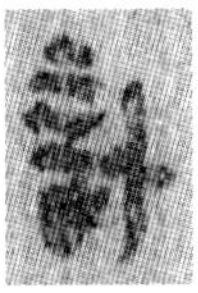

8-63正　計問

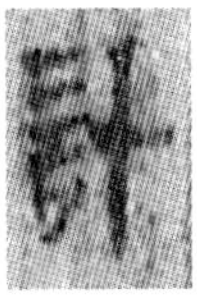

8-151　遷陵已計

9-3a　司空不名計

9-2045　計元年餘甲三百卌九

16-752　計籍志副具此中

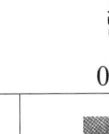

護
0238

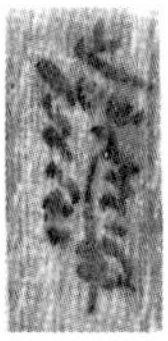

8-1692　☐護圂，圂未得　按：語義不詳。

誧
0239

8-135正　今而誧（甫）曰：謁問覆獄卒史衰、義　按：「誧」，通「甫」，始也。

謝
0240

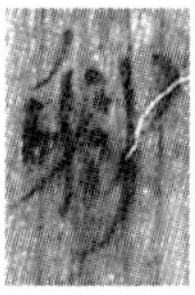

8-66背+8-208背　謝發　按：「謝」，人名。

8-988　謝長七尺二寸　按：「謝」，人名。

8-2304　☐謝敢☐　按：「謝」，人名。

10-1170第四欄　史謝　按：「謝」，人名。

詣
0241

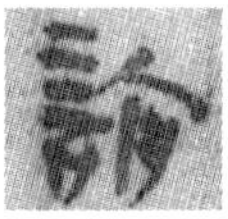

8-198正+8-213正+8-2013正　詣廷

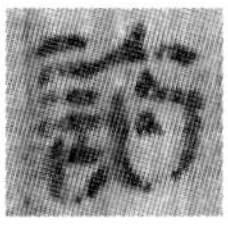

8-376　一詣蒼梧尉府

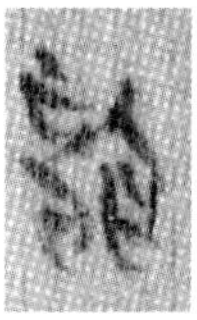

8-1552　詣廷

8-1616 詣洞庭主司空

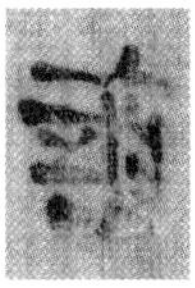
9-2301 二月乙亥旦食起詣廷

16-3 一封詣昆陽邑

譫

0242

8-1151 ☐之毋譫郤它

譊

0243

8-1301 ☐譊 按：辭例殘缺。

8-1584 類譊、小女、窗、歐 按：「類譊」，人名。

謦 0244

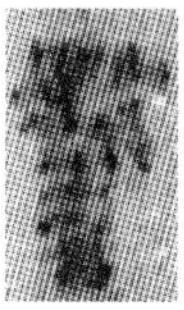

8-149+8-489第二欄　司空守謦　按：「謦」，人名。

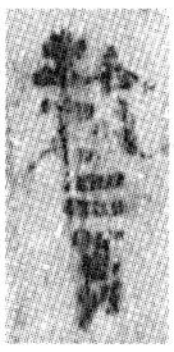

8-528正+8-532正+8-674正　叚（假）御史謦　按：「謦」，人名。

詑 0245

8-461正第一欄　更詑曰謾

謾 0246

8-15　謾縵▨　按：似為習字簡。

8-503　謾▨　按：辭例殘缺。

詐 0247

8-209正　詐（詐）僞　按：「詐」，同「詐」。

8-1423　巧詐（詐）以□☐　按：「詐」，同「詐」。

絲 0248

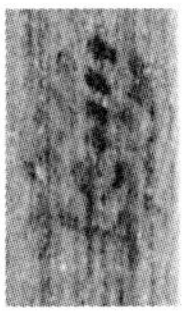

8-650背+8-1462正　得毋爲事絲　按：《校釋》以為「得毋為事絲」為書信問候語。

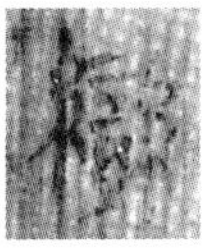

8-823正+8-1997正　得毋爲事絲

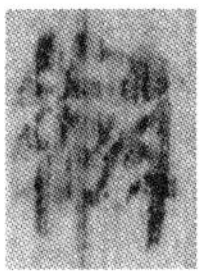

K49第一欄　南陽戶人荊不更絲喜　按：「絲喜」，人名。

誤 0249

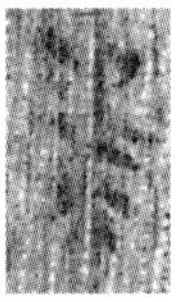

8-314　辤（辭）曰：□等鞫獄弗能審，誤不當律☐

8-557　誤不當律□□☐

8-1246背　鞫□悍上禾稼租志，誤少五穀□☐

8-728背+8-1474背　牢人誤以來☐　按：「誤」，人名。

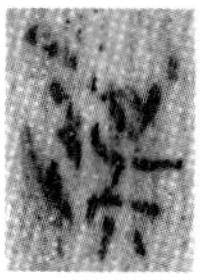

8-2360　☐書誤☐

訾

0250

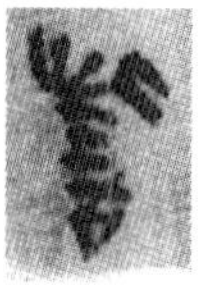

8-198正+8-213正+8-2013正　定當坐者名吏（事）里、它坐、訾☐

8-1090　說所爲除貲者名吏（事）里、它坐、訾，讁☐

8-2260+12-1786　以書到時定名吏（事）里、它坐、訾

9-3a　訾責其家

9-11a　訾責其家

讋 0251

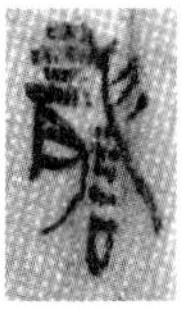

8-2181　☐讋☐　按：辭例殘缺。

譴 0252

8-461正第二欄　王譴曰制譴

8-461正第二欄　王譴曰制譴

8-1077　所譴

謉 0253

8-648正　司空守謉　按：「謉」，人名。

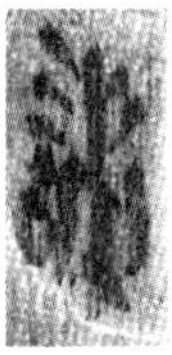

8-1046　令史謉　按：「謉」，人名。

8-1349　☐謉　按：辭例殘缺。

詰

0254

8-231 詰卂（訊）嗛（廉）寄戍卒大夫□食

8-1953+8-1989 ☐□詰偃 按：「偃」，人名。

詘

0255

8-172正 拙詘之 按：似為習字簡。

8-1122+8-1264 詘手 按：「詘」，人名。

8-1293正+8-1459正+8-1466正 ☐□詘自言士五居沂陽 按：「詘」，人名。

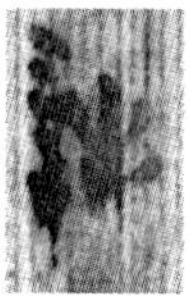

8-1293背+8-1459背+8-1466背 詘手 按：「詘」，人名。

9-14a　詘手　按：「詘」，人名。

謏

0256

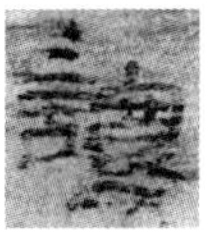

8-461正第一欄　更詑曰謏

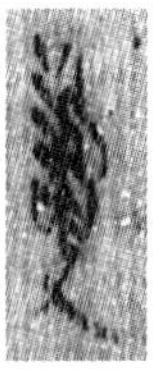

8-944+8-1646　壬午起，留二日，謏求▨

12-851　遷陵主謏發洞庭　按：「謏」，人名。

診

0257

8-477　診式　按：「診」，檢驗。「式」，人名。

8-1732　▨寫朐忍診容及▨

8-2035正　雜診

8-2035正　上診一牒

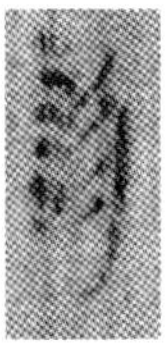

9-2352a　上診一牒

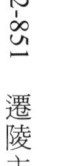

詬

0258

8-1562正 奊詢 按：「詢」，字形與《說文》或體  同。

諜

0259

8-1386 ☐闟諜扇 按：「諜」，《校釋》疑讀為「枼」。

謕

0260

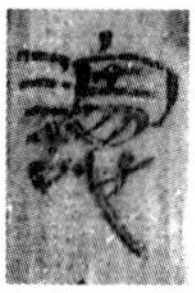

8-60正+8-656正+8-665正+8-748正 亭謕當論 按：「謕」，《校釋》以為「謾」之異體。

譱

0261

8-205正 甲譱（善）告子率子☐ 按：「善」，字形與《說文》篆文  同。

8-1042+8-1363 譱（善）飤（食）不能飤（食）

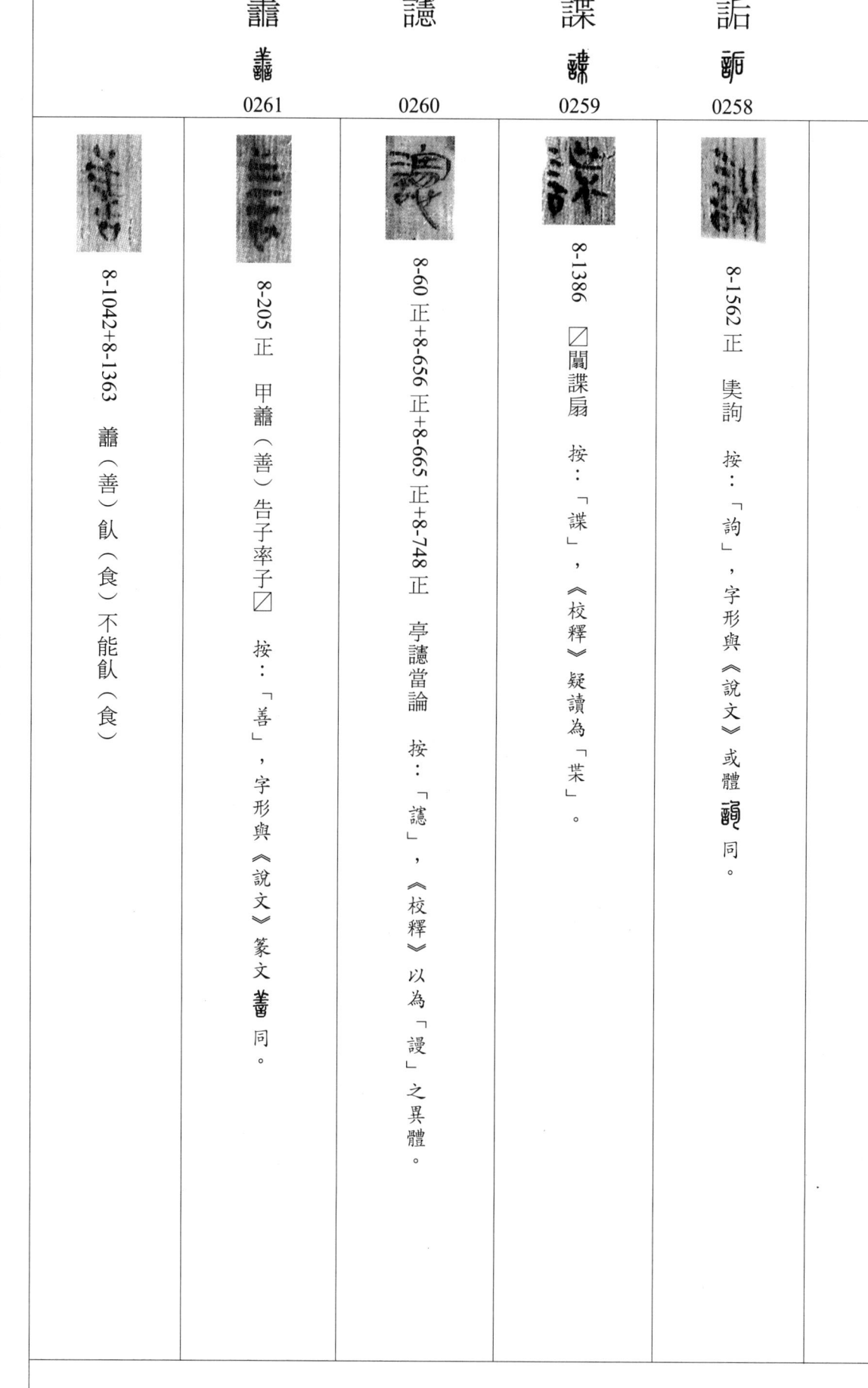

8-1437正　譱（善）食□鄉鄉武昌　按：習字簡。《釋文》、《校釋》釋「言」。

競 0262

8-135正　競陵　按：「競陵」，地名。

8-896　競陵　按：「競陵」，地名。

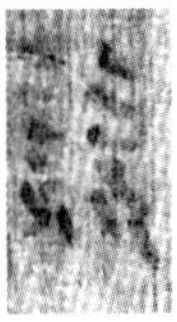

8-1467　競陵　按：「競陵」，地名。

8-1533　競陵　按：「競陵」，地名。

音 0263

8-1446背　酉音意意　按：習字簡。「音」，《釋文》釋「意」，《校釋》釋「音」。

章 0264

8-648背　章手　按：「章」，人名。

童

0265

8-663正第一欄　一人求白翰羽：章　按：「章」，人名。

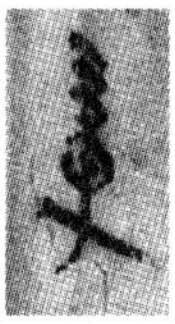

8-1831　印章

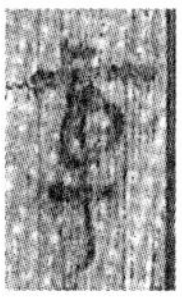

8-2226正+8-227背　凡七章，皆毋出

9-728第一欄　令佐章　按：「章」，人名。

K49第三欄　子小上造章　按：「章」，人名。

8-2099　☐☐陽童☐　按：辭例殘缺。

9-2294a+9-2305a+8-145正第二欄　二人伐槧：強、童　按：「童」，人名。

16-2　佐淫童　按：「淫童」，人名。

16-2　負童分錢卌八　按：「童」，人名。

妾

0266

8-126　小妾森（無）蒙

8-1095 第二欄　隸妾

8-1540　隸妾

8-1590+8-1839　隸妾

9-1369　隸臣妾

12-730　大隸妾

僕

0267

6-7　予吏益僕

8-137正　遷陵丞遷告畜官僕足　按：「遷」、「足」，人名。

8-130正+8-190正+8-193正　吏僕

8-756　吏僕

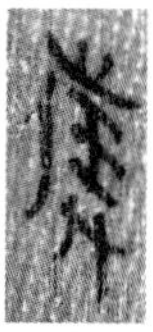

8-877+8-966 吏益僕□▨

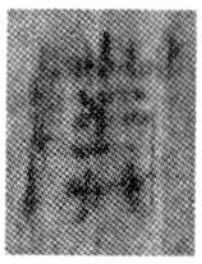

9-19a第二欄 不僕一斗二參，行食一斗

丞

0268

5-22 書一封，丞印

8-78正 遷陵丞

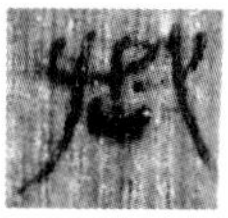

8-202背+8-912 守丞

8-1047 令丞

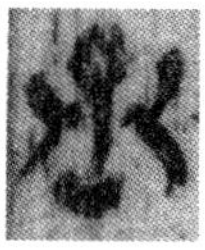

9-3a 陽陵守丞

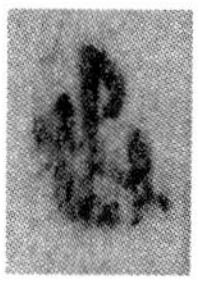

16-3 書二封，丞印

戒

0269

8-528正+8-532正+8-674正 令且解盜戒（械） 按：「戒」，通「械」。

兵

0270

8-63背 兵手 按：「兵」，人名。

8-493第一欄 庫兵計

8-1510正 兵當輸内史

9-712a+9-758a 署兵曹發

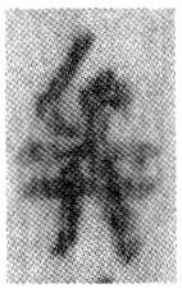

16-6a 甲兵

龏

0271

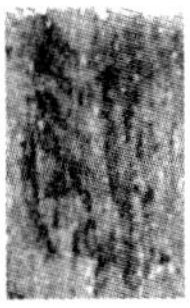

5-1正 零陽龏移過所縣鄉 按：「龏」，人名。《釋文》釋「襲」，《校釋》釋「龏」。

弈

0272

8-430 丹陽公卒外里弈 按：「弈」，人名。《釋文》釋「柳」，《校釋》釋「弈」。

具

0273

5-10 ☐以爲戉（攻）具 按：此簡帶有楚系文字風格。

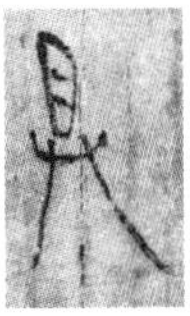

8-94 群志式具此中

8-627 卒歲未具者叚☐

8-1440正 具薄（簿）求之之狀

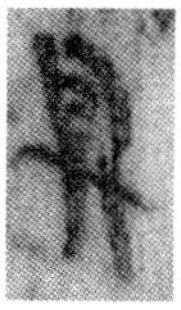

16-5a 亟以律令具論當坐者

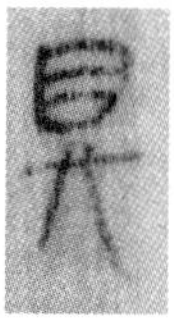

16-752 計籍志副具此中

弁
0274

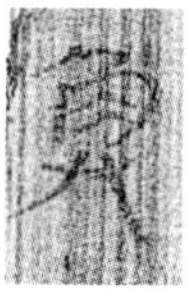

6-1背 小吏弁有□ 按：似為習字簡。

共

0275

8-1490正+8-1518正 令史敞、彼死共走興 按：「敞」、「彼死」、「興」，人名。

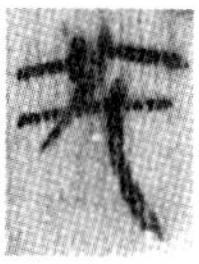

8-1490正+8-1518正 今令畸襲彼死處，與敞共走 按：「畸」，人名。

異

0276

8-313正 少內公擇其美者異之冊可已急☐

8-355 以異中縣

8-1804 ☐歲更，以異中縣☐

8-1888 南里士五（伍）異 按：「異」，人名。

與

0277

8-68背 與與 按：習字簡。

8-329 ☐見與糞☐☐ 按：辭例殘缺。

8-1154 ☐弗與從，給其☐☐

8-1586第二欄 一人與吏上事泰守府

16-2 佐昌與平邑故鄉守士五（伍）泉中克

興

0278

8-1490正+8-1518正 令吏敞、彼死共走興 按：「興」，人名。

8-2206+8-2212 ☐尉敬養興爲庸 按：語義不詳。

16-6a 興黔首

叟

0279

8-1584 隸妾忍、叟 按：「叟」，人名。

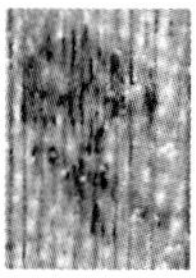

8-1943 ☐貳春鄉叟常 按：「叟」，疑為人名。

8-2160背 ☐叟以來☐ 按：「叟」，人名。

農

0280

14-4 祠先農

14-639+14-672 祠先農

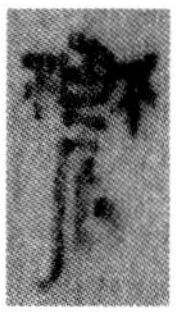

14-649+14-679 祠農

晨部

農

14-656+15-434 祠先農

14-685 祠先農

里耶秦簡文字編・卷三下

革
0281

8-2101第二欄　七人付少內：革、茝□〼　按：「革」，人名。

鞮
0282

8-458第一欄　鞮瞀卅九

8-1577　鞮瞀卅九

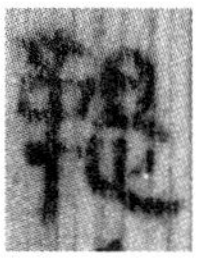

9-2045　鞮瞀〼

鞠
0283

8-258　麥麴三　按：《釋文》釋「鞠」，《校釋》疑讀「麴」。

鞏 鞏 0283

8-95第二欄　鞏四☐

鞅 鞅 0284

8-2019背　鞏鞅　按：似為習字簡。

䩞 0285

8-95第二欄　䩞二☐　按：辭例殘缺。

鞫 0286

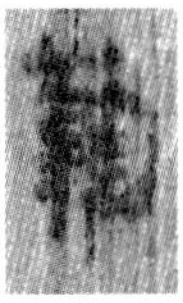

8-209背　鞫歐：失拜騶奇爵，有它論，貲二甲□□□☐

8-353　☐□貲貲鞫☐

8-2191背　鞫之：又（有）留不傳閬中漕☐

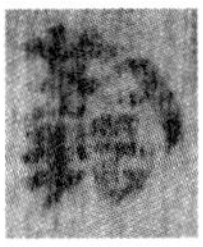

14-831b　鞫之：試以城邑反

鬻 0287

8-1718　☒鬻☒　按：「鬻」，《校釋》以為通「煮」。

9-19a第三欄　鬻米半四

9-19a第四欄　鬻米半四

鬻 0288

8-1230　□煮□□　按：「煮」，字形可分析為从「鬲」、「者」聲。

爲 0289

5-10　☒以爲戉（攻）具　按：此簡帶有楚系文字風格。

8-13　皆當爲禁錢□☒

8-135正　爲責券移遷陵

8-659正+8-2088　得毋爲事☒

8-746正+8-1588正　具署居犯止灋爲非日爲報

8-1883　☐卅四□月中未賞敢寄爲

9-3a　今爲錢校券一

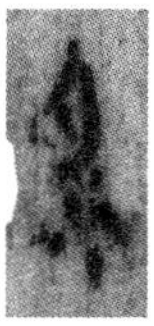

16-223　賈里爲縣將采赤金

孰 0290

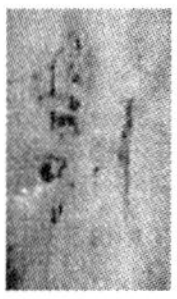

5-6正　別書孰□屬

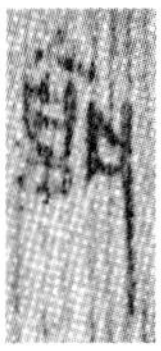

8-1230　□□孰（熟）出之復入飲盡　按：「孰」，通「熟」。

又 0291

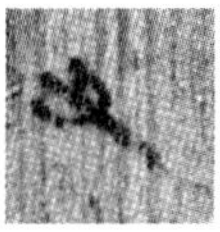

8-2191背　鞫之：又（有）留不傳闌中漕☐　按：「又」，通「有」。

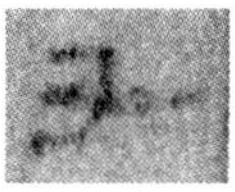

9-984a　酉陽守丞又　按：「又」，人名。

父

0292

8-26+8-752正　成（城）父　按：「城父」，地名。

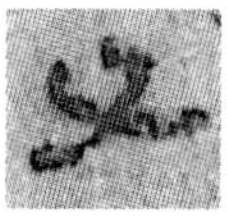

8-143正+8-69正+8-2161正　城父　按：「城父」，地名。

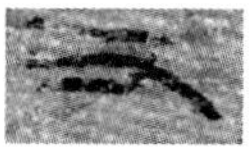

8-461正第一欄　毋敢曰王父曰泰父

8-1517背　城父　按：「城父」，地名。

8-2257　城父　按：「城父」，地名。

9-757　城父　按：「城父」，地名。

曼

0293

8-1523背　鄖人曼以來　按：「曼」，人名。

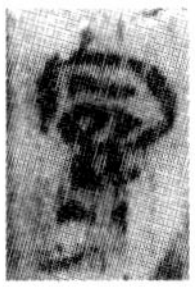

8-1995　☐曼四寸半寸　按：「曼」，寬。

夬

0294

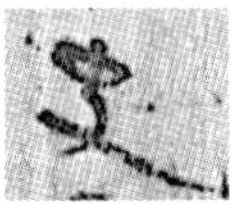

8-136正+8-144正　繫遷陵未夬（決），毋遣毆　按：「夬」，《校釋》以為通「決」，判決。

8-1016　☐者皆言夬（決）已前騰書

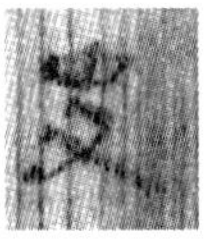

8-1516正　令縣論言夬（決）

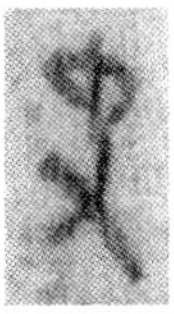

16-5a　當坐者言名夬（決）泰守府

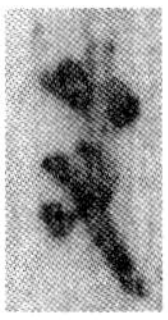

16-6a　當坐者言名夬（決）泰守府

及

0295

7-4a　辟席再拜及拜

8-102+8-597　賣牛及筋

反

0296

8-122　言事守府及移書它縣須報

8-141正+8-668正　☐治獄及覆獄者

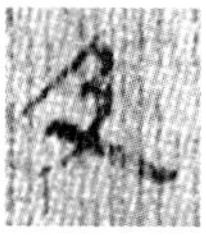

8-1515正　捕鳥及羽

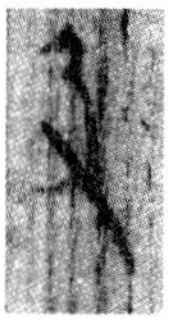

9-39　律曰：已豤（墾）田輒上其數及戶數戶嬰之

8-478第二欄　木反☐四　按：語義不詳。

9-2352a　行到暴詔谿反（坂）上　按：「反」，通「坂」。

12-10b　鞫之：越人以城邑反

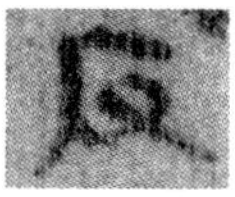

14-831b　鞫之：試以城邑反

叔

0297

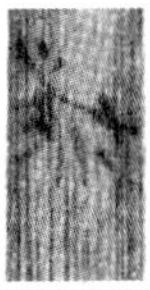

8-2021背　☐謁之傳叔簡直□談室　按：語義不詳。

9-10a　陽陵叔作士五（伍）勝白有貲錢千三百卌四　按：「叔作」，地名。

取

0298

8-167正+8-194正+8-472+8-1011　令吏徒往取之

8-837　取堇芒群木實十☐

8-1221　取三指最（撮）

8-1709+8-1162+8-1289　所取錢五

8-2148　☐人取菅□□☐

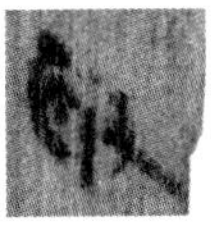

12-682　後年洞庭食少縣或取☐

叚

0299

8-135正 司空自以二月叚（假）狼船 按：「叚」，同「假」。

8-459 ☐求菌叚（假）倉贛☐

8-802 叚（假）令史

8-2115 洞庭叚（假）守

9-3b 洞庭叚（假）尉

9-1112a 叚（假）校長

友

0300

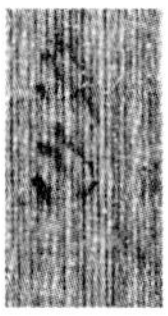

8-1352 司空佐友 按：「友」，人名。

度

0301

8-463　今工律曰：度繕其〼

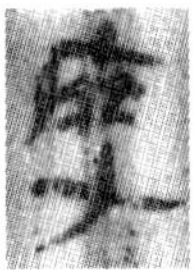

8-734背　度卅五年縣官〼

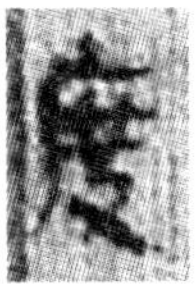

8-1510正　五石一鈞七斤，度用船六丈以上者四椱

8-1844　度縣用足餘二

9-2296第一欄　錦一丈五尺八寸，度給縣用足

9-2296第二欄　度給縣用足

史

0302

8-45+8-270　令史尙視平

8-105　內史

8-186　〼□沅陵獄史治所

9-762　史令扁視平

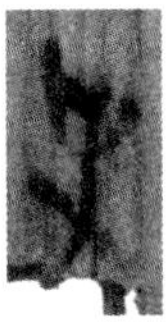

11-34　洞庭監御史

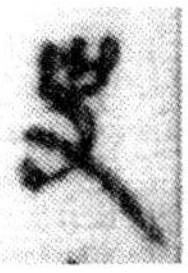

16-6a　卒史嘉

事

0303

5-5背 戔麦行士事昌戈☐ 按：此簡帶有楚系文字風格。

8-63正 事荅不備

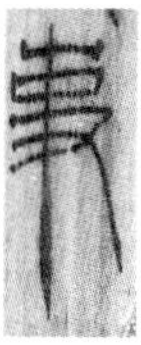

8-214 吏戸已事

8-1622+8-1699 不務田而爲它事

9-3b 以律令從事報之

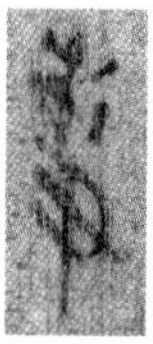

9-38 以故事稽留

支

0304

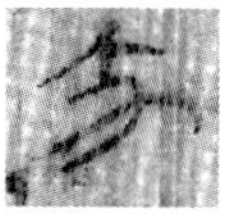

8-682正 姣、隋、澍、支、章 按：「支」，人名。

聿

0305

8-200背 聿聿建安 按：似為習字簡。

8-200背 聿聿建安 按：似為習字簡。

筆

0306

7-4a　求筆及黑（墨）

書

0307

7-14　廿七年吏致走書已☐

5-22　書一封

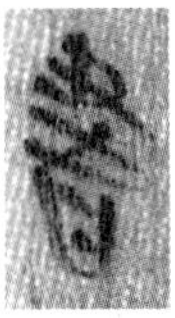

8-41　令書到

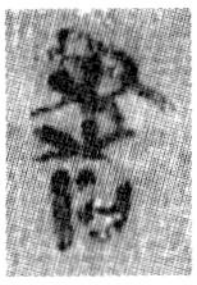

8-152正　今書已到

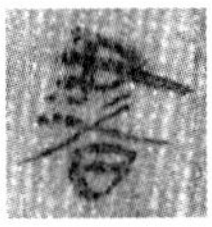

8-60正+8-656正+8-665正+8-748正　上真書

9-3a　以環（還）書道遠，報署主責發

晝

0308

8-149+8-489第二欄　更戍晝二甲　按：「晝」，人名。

隸 0309

6-7　徒隸

7-304a　隸臣妾

8-18　隸臣

8-1095第二欄　隸妾居貲

8-1557　隸妾

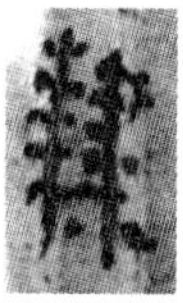
8-2463　☐隸臣☐

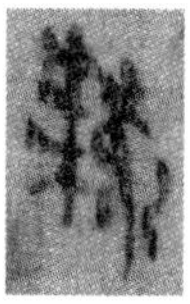
12-730　隸妾

臤 0310

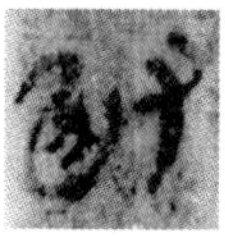
5-5正　☐戔麦公臤忑　按：「臤忑」，人名。

豎 0311

8-1008+8-1461正+8-1532　豎捕戍卒□□　按：「豎」，人名。

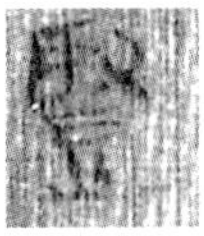

8-1008+8-1461正+8-1532 次豎購當出畀華 按：「豎」、「華」，人名。

8-1008+8-1461正+8-1532 大隸臣豎 按：「豎」，人名。

臣

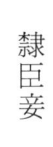

0312

8-18 隸臣

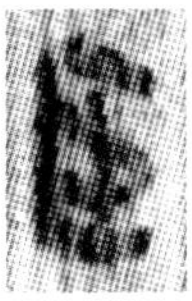

8-767正 人臣

8-986 隸臣

8-1886 隸臣

9-2273第一欄 隸臣妾

16-6a 隸臣妾

臧

0313

8-197背 報別臧 按：語義不詳。

8-560 府報曰：取臧錢臨沅五☒

8-1146　四人負土：臧、成、駠、骨　按：「臧」，人名。

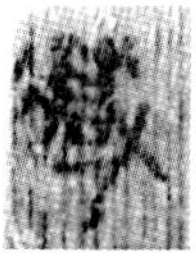

8-1243　裹以繒臧（藏）　按：「臧」，通「藏」。

8-1721　挾臧（藏）　按：「臧」，通「藏」。

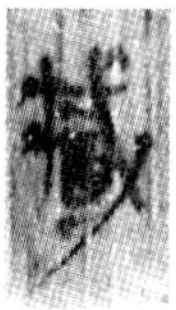

8-792+8-1772　乾，取乾、取實臧（藏）

毄

0314

8-136正+8-144正　毄（繫）遷陵未央（決）　按：「毄」，通「繫」。

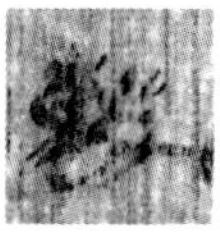

8-268+8-1416　當助臨沅毄盜☐

8-528正+8-532正＋8-674正　☐於秦□令毄者□書其所坐☐

殿

0315

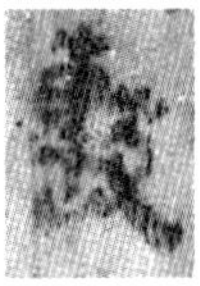

8-528正+8-532正+8-674正　☐御史聞代人多坐從以毄

8-1032　遷陵論言問之監府致毄（繫）痤臨沅　按：「毄」，通「繫」。

9-2294a+9-2305a+8-145正第一欄　隸臣毄（繫）城旦三人　按：「毄」，通「繫」。

8-1516正　畜息子得錢殿

8-2186　☐☐新服弓弩嚢二，衷各七尺，有殿入　按：「殿」，《校釋》疑為人名。

8-2200　□□新服弓弩褱二，袤各七尺，有殿入　按：「殿」，《校釋》疑為人名。

毆

0316

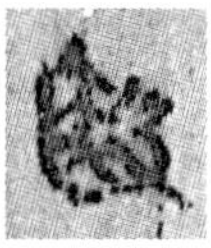

8-136正+8-144正　毋遣毆

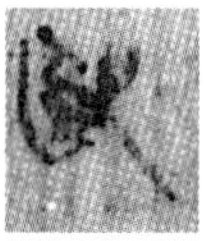

8-130正+8-190正+8-193正　非弗智（知）毆

8-539　非直段（假）之毆

8-823正+8-1997正　毋恙毆

8-659正+8-2088　毋恙毆

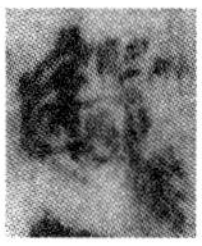

16-6a　田時毆，不欲興黔首

段

0317

8-454第三欄　鑄段（鍛）　按：「段」，通「鍛」。

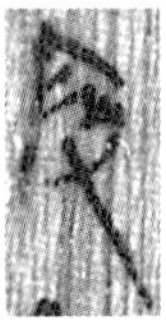

8-785　少內段　按：「段」，人名。

役

0318

8-1099　役　按：此簡僅一字。

寸

0319

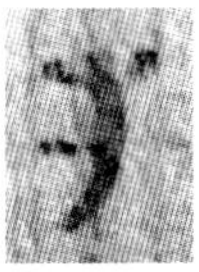

8-534　七尺三寸

8-439+8-519+8-537+8-1899　六尺八寸

8-550　六尺六寸

8-1751+8-2207　一丈五尺八寸

9-757　七尺四寸

15-259　六尺九寸

將

0320

8-439+8-519+8-537+8-1899　將奔命校長周爰書

8-764 士五（伍）巫中陵免將 按：「免將」，人名。

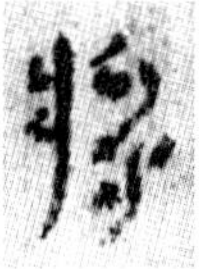

8-1559正 將捕爰

8-1716 將陽 按：「將陽」，《校釋》云為疊韻詞，義為「徘徊」、「遊蕩」。

12-447a 遣佐□將徒遣采錫倉

16-223 將采赤金

啟

0321

8-49 ☐鄉、貳春、啟陵☐ 按：「啟陵」，地名。

8-133正 獄史啟 按：「啟」，人名。

8-157正 啟陵 按：「啟陵」，地名。

8-250 啟陵鄉 按：「啟陵」，地名。

徹

0322

8-925+8-2195　啟陵鄉守　按：「啟陵」，地名。

17-14a　啟封到長武九十三里　按：「啟封」，地名。

8-907+8-923+8-1422　出賣祠窨餘徹酒二斗八升

8-1162+8-1289+8-1709　出賣祠窨餘徹食☐

8-1280　廿六徹城

8-1055+8-1579　出賣祠窨餘徹脯一

14-649+14-679　祠農餘徹豚肉半斗

14-698　祠先農餘徹酒一斗半

敎

0323

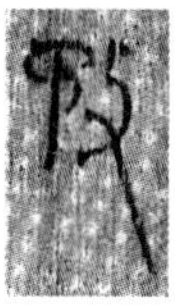

8-1435背　佗佗人敎敎刹釗　按：習字簡。

8-1435背　人敎敎刹釗　按：習字簡。

效

0324

8-1398　☐□□子少內沈、佐瘳效☐　按：「效」，《釋文》未釋，《校釋》釋「效」。辭例殘缺。

故

0325

8-63正　佐州里煩故爲公田吏

8-130正+8-190正+8-193正　☐可（何）故不騰書

8-140正　故謁告遷陵

8-1243　病已如故

9-3a　物故

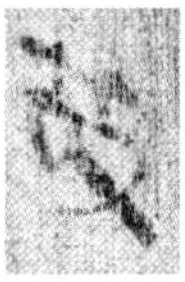
9-38　以故事稽留，不如守府期會

數

0326

8-154正　所買徒隸數

8-1483正　▨一見芻稾數言

8-1721　自挾臧（藏）其數▨

8-487+8-2004正　卅三年見戶數牘北移具集上

12-1784a　亟各上所糴粟數

16-9a　毋以智（知）劾等初產至今年數▨

敓

0327

8-767背　鄆人敓　按：「敓」，人名。

8-1490正+8-1518正　令史敓　按：「敓」，人名。

8-1563背　敞手　按：「敞」，人名。

8-666正+8-2006正　司空守敞　按：「敞」，人名。

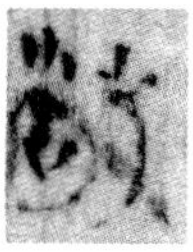

9-1867b　敞發　按：「敞」，人名。

變

0328

9-2294a+9-2305a+8-145正第五欄　六人捕羽：刻、婢、□、□、娃、變　按：「變」，人名。

更

0329

8-143正+8-69正+8-2161正　今止行書徒更戍城父柘里士五（伍）辟

8-224+8-412+8-1415　御史案讎更并，定爲輿地圖

8-461正　第一欄　故皇更如此皇

8-918　不更　按：「不更」為秦軍功爵的一種。

9-757　更戍卒

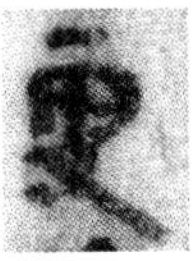

16-6a　踐更

斂

0330

8-1454正+8-1629正　徵斂之

8-1454正+8-1629正　☐都鄉枝（頗）不以五月斂之

救

0331

8-2259正　☐吏卒救□☐

敦

0332

6-4　守丞敦狐　按：「敦狐」，人名。

8-349 ▨□假追盜敦（屯）長更戍▨ 按：「敦長」，《校釋》以為即「屯長」。

8-138正+8-174正+8-522正+8-523正 敦狐 按：「敦狐」，人名。

8-1299 敦（屯）長

9-1112a 遷陵守丞敦狐 按：「敦狐」，人名。

9-2273第二欄 士五（伍）敦狐 按：「敦狐」，人名。

敗

0333

8-454第三欄 水火所敗亡

8-645正 水火敗亡課

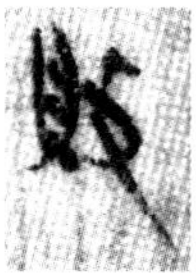

8-942 治官有敗非▨

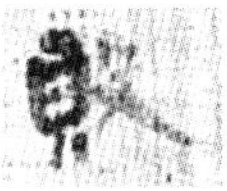

8-1511正　水火敗亡者課

寇

0334

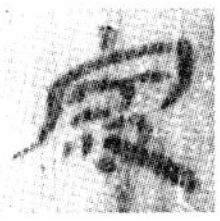

8-482第一欄　司寇田課

8-533第二欄　澮司寇

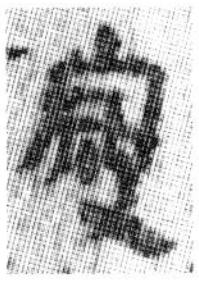

8-2101第一欄　司寇

8-2151+8-2169　☐城旦司寇一人

16-6a　司寇隱官

16-6a　司寇隱官

收

0335

8-444第二欄　一人收鴈：豫　按：「收」，《釋文》釋「牧」，《校釋》釋「收」。

8-454第三欄　貲、贖、責（債）毋不收課

攻

0336

6-37　▨□□五攻六宅　按：「攻」，《釋文》、《校釋》釋「功」，學者或釋「敦」。

8-2133　故巍（魏）居箕攻　按：「攻」，地名。

牧

0337

8-490+8-501 第一欄　徒隸牧畜死負、剝賣課　按：「牧」，《釋文》釋「牲」，《校釋》釋「牧」。

8-490+8-501 第一欄　徒隸牧畜畜死不請課　按：「牧」，《釋文》釋「牲」，《校釋》釋「牧」。

⿰另攴

0338

8-570　其其□務⿰另攴　按：似為習字簡。

⿰𠦝攴
0339

8-707正　⿰𠦝攴□伏狀☐　按：似為習字簡。

⿰寻攵
0340

5-7　布四⿰寻攵（尋）　按：此簡有帶楚系文字風格。「⿰寻攵」，「尋」之異體。長度單位。

斆
0341

8-1146　其一學甄：賀　按：「學」，字形與《說文》篆文斆同。

8-1451正　□南門□以爲學書□

占
0342

8-550　典和占　按：「占」，「登記」義。

8-550　典和占

8-988　令佐敀占

8-1554正　典弘占

12-2301　占入錢

用

0343

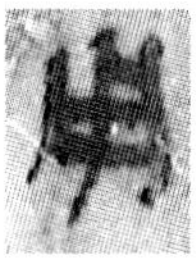
8-139正　☒□封遷陵衣用□☒

8-288　所用

8-454第三欄　縣官有買用錢

8-529正　灑桼用白布六尺☒

9-1408　買徒隸用錢三萬三千

12-849a　用船一㮴

庸

0344

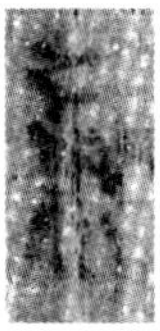
8-949正　☒人庸作志☒

8-1245　庸粟禾一日☒

8-1322+8-1849+8-1882　☐不識日誠嘗取寄爲庸☐　按：「庸」，《釋文》釋「雈」，《校釋》釋「庸」。

8-1749+8-2165正　☐之，而私爲□庸

8-1743正+8-2015正　出庸（傭）　按：「庸」，通「傭」。

甯

0345

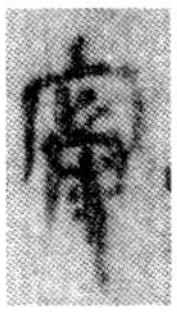

K1/25/50　子小上造甯　按：「甯」，人名。

爽

0346

8-429　罰戍士五（伍）資中宕登爽　按：「爽」，人名。

目

目

0347

里耶秦簡文字編・卷四上

8-112　⧄目手⧄　按：「目」，人名。

8-1998背　⧄目手　按：「目」，人名。

8-2008正第一欄　一人有獄訊：目　按：「目」，人名。

8-2271　目□□⧄　按：辭例殘缺。

眘
0348

8-925+8-2195　樂眘、韓歐毋　按：「樂眘」，人名。

8-2101第二欄　五人作務：文、□、眘☒　按：「眘」，人名。

8-2270　☒且有罪眘　按：辭例殘缺。

瞀
0349

8-458第一欄　鞮瞀卅九

8-1577　鞮瞀卅九

8-681正+8-1641第三欄　□人□□□瞀　按：辭例殘缺。

䁹

0350

8-1042+8-1363　不能視而善䁹

相

0351

8-25　不與辤相應是□⧄

8-121　上丞相⧄

8-161+8-307　潁陰相

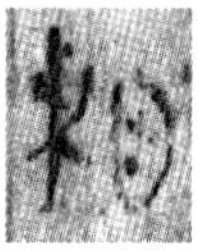

8-138正+8-174正+8-522正+8-523正　以坐次相屬

8-1770正　⧄各一甲，與此相遝，它如劾

12-853　⧄私進令史相柏　按：「相柏」，似為人名。

16-886a　丞相

瞫

0352

8-679背　⧄瞫⧄　按：「瞫」，字形下部略殘。辭例殘缺。

8-877+8-966　獄佐瞫　按：「瞫」，人名。

9-14b　瞫發　按：「瞫」，人名。

眚

眚

0353

9-2294a+9-2305a+8-145正第六欄　二人上眚（省）　按：「眚」，《校釋》以為通「省」。

眛

眛

0354

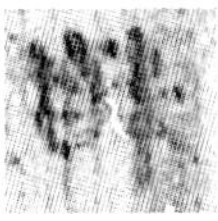

8-1668　臣眛（昧）死請　按：「眛」，通「昧」。

省

省

0355

9-2294a+9-2305a+8-145正第三欄　九人上省

盾

盾

0356

8-149+8-489第三欄　令佐圂一盾

8-149+8-489第三欄　一盾

8-297+8-1600 一盾

8-1783+8-1852 一盾

8-2073 貲一盾

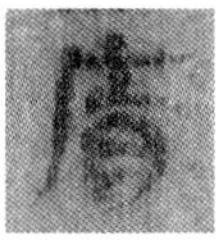
12-1780a 貲一盾

自

0357

5-1正 零陽田能自食

8-672正 官田自食薄（簿）

8-770正 鄉守恬有論事，以旦食遣自致

8-1517正 遷陵田能自食

9-46 遷陵丞自發

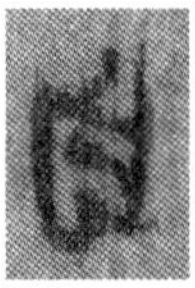
16-1010 自發

皆

0358

8-13　皆當爲禁錢□⍁

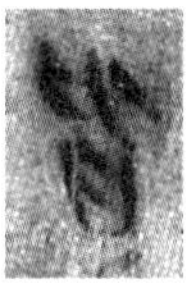

8-577　⍁皆且日相與會□⍁

8-1133　皆當以縱不直論

8-1515正　皆已備

9-38　期會事皆急

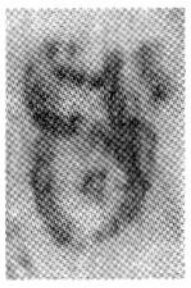

16-6b　皆勿留脫

魯

0359

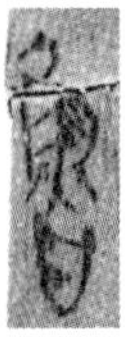

8-258　⍁□魯治麥□三　按：辭例殘缺。

者

0360

7-4a　辟席再拜及拜者

8-64正+8-2010正　而尉言毋當令者

𥏼

0361

8-164正+8-1475正　□□而後論者

8-1529正　進書令史毛季從者

9-2301　行此書者毋留書

16-1010　和詣獄史大夫存者

8-135正　不𥏼（知）所居　按：「𥏼」，同「知」。

8-130正+8-190正+8-193正　非弗𥏼（知）殹

8-754正　不𥏼（知）

8-1733　吏徒莫𥏼（知）

9-3a　不𥏼（知）

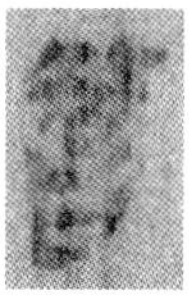

16-9a　毋以𥏼（知）

百

0362

6-1正第六欄　千一百一十三字

6-15　☐千三百七十二☐

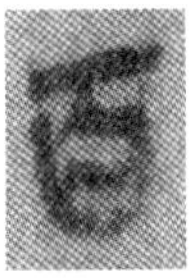

7-304a　百八十九人死亡

8-63正　三百一十四

8-2202　二千一百五十二

9-3a　七百廿八

鼻

0363

9-2352a　牽遷陵拔乘馬一匹，駠（騮），牡，兩鼻删

習

0364

8-355　習俗

8-355　習俗

羽

0365

8-82　☐賀輪羽☐

8-142正　凡六人捕羽

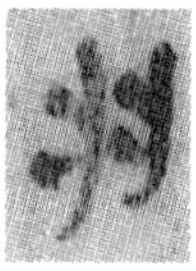

8-673正+8-2002正　捕羽

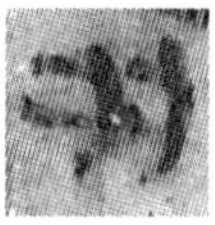

8-704背+8-706背　都郵人羽行　按：「羽」，人名。

8-1735　羽賦二千五百☐

9-2294a+9-2305a+8-145正第三欄　八人捕羽

翰

0366

8-663正第一欄　一人求白翰羽：章

8-1259正　一人求翰羽：強

8-1662　白翰羽

8-2501　白翰羽

翟

0367

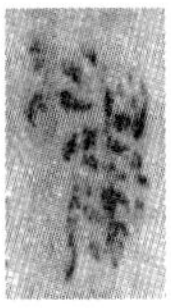

8-110背+8-669背　□戍□□□陽翟□☐　按：辭例殘缺。

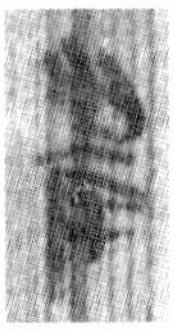

8-1517背　更戍士五（伍）城父陽翟執　按：「陽翟」，《校釋》以為地名或人名。

翦

0368

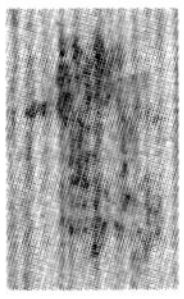

8-1523背　翦發　按：「翦」，人名。

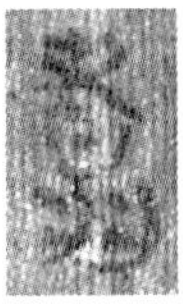

8-2036背　☐從翦、魋各一甲一盾　按：「翦」，人名。

雒

0369

8-232　雒陽　按：「雒陽」，地名。

雞 0370

8-495第一欄 畜雞狗產子課 按：「雞」，《釋文》釋「雌」，《校釋》釋「雞」。

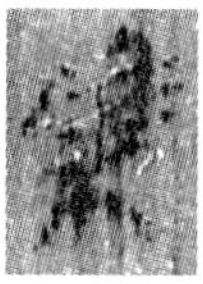

8-495第一欄 畜雞狗死亡課 按：「雞」，《釋文》釋「雌」，《校釋》釋「雞」。

8-950 ▨□豬犬雞

8-1042+8-1363 赤雄雞冠

雄 0371

8-1042+8-1363 赤雄雞冠

8-1495正 雄雌 按：字形右側殘缺。

雌 0372

8-1495正 雄雌 按：字形右側殘缺。

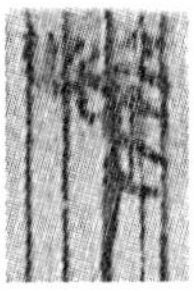

8-1562正　令令啓陵捕獻鳥，明渠雌一　按：「明渠」，鳥名。

雋
雋
0373

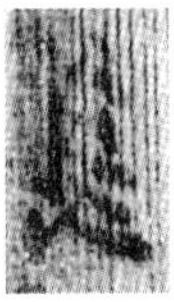

8-1578　雋　按：此簡僅此一字。

𠤷
0374

8-78背　隸臣𠤷　按：「𠤷」，人名。

羊
羊
0375

8-111+8-1411　☐羊官

8-490+8-501第二欄　畜羊產子課

8-490+8-501第二欄　畜羊死亡課

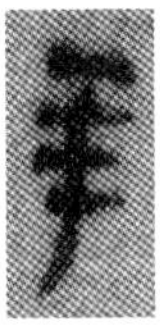

14-300+14-764　羊頭

羘 0376

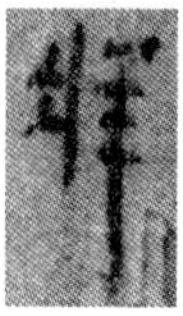

14-639+14-762　出羘以祠先農

羸 0377

8-143正+8-69正+8-2161正　羸病馬

羣 0378

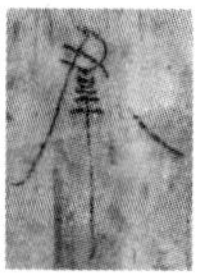

8-94　羣志式具此中

8-132+8-334第一欄　☐羣募群戍卒百卌三人

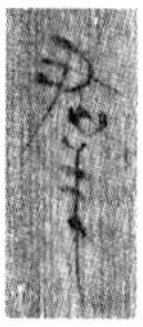

8-837　取堇芒群木實十☐

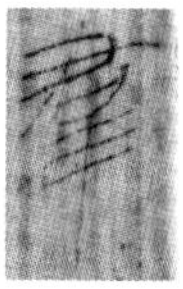

8-1777+8-1868　群往來書已事倉曹☐笥

12-877　上御史爲羣☐☐☐☐發

美

0379

8-313正　擇其美者

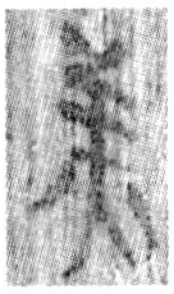

8-771正　賣二斗取美錢卅

雧

0380

8-487+8-2004正　移獄具集上　按：「集」，字形與《說文》篆文同。「獄具集」，《校釋》以為指獄具案卷的彙集。

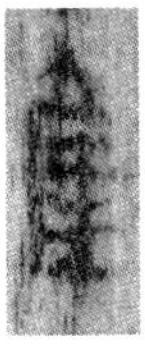

9-728第二欄　佐集冊四日

14-638　集報

鳥

0381

8-1515正　捕鳥

8-1562正　捕獻鳥

8-1562正　以鳥及書屬尉史文，令輸

8-1562正　發鳥送書

8-2008正第一欄　一人捕鳥：城

10-1170第六欄　女卌九人與史輸鳥

鷬

0382

8-1585　得□里士五（伍）難　按：「難」，人名。字形與《說文》古文難同。

9-2352a　所名曰犯難　按：「犯難」，馬匹名。

鴈

0383

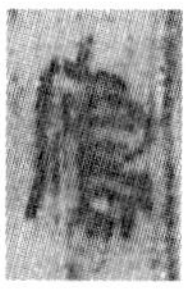

8-410　鴈門泰守府　按：「鴈門」，地名。

8-444第二欄　一人牧鴈：豫

8-495第二欄　畜鴈產子課

10-1170第七欄　女卌人牧鴈

烏

0384

8-528正+8-532正+8-674正　其當於秦下令毄者衛署其所坐☐　按：「烏」，字形與《說文》古文同。

8-2448　☐於柏□☐　按：辭例殘缺。

焉

0385

8-228　縣界中□□者縣各別下書焉□☐

17-14a　焉陵　按：「焉陵」，地名。

里耶秦簡文字編·卷四下

0386 糞 糞

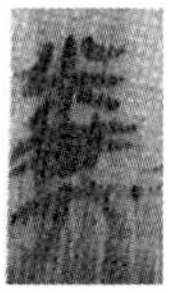

8-329　☐見與糞□☐　按：辭例殘缺。

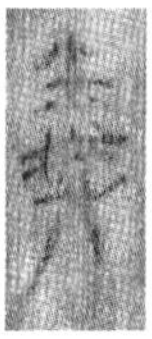

8-1950　☐娸糞□☐　按：辭例殘缺。

0387 棄 棄

8-2544　☐棄去之，及期盡賦☐

0388 再 再

7-4a　辟席再拜及拜者

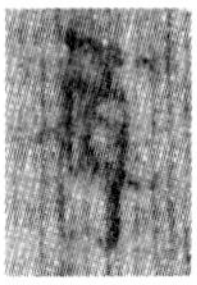

8-167背+8-194背　敢再拜謁上

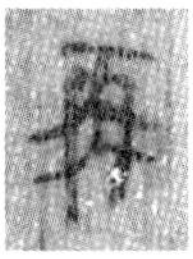

8-167正+8-194正+8-472+8-1011　敢再拜

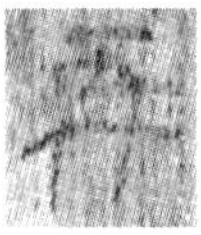

8-1766　已歙，如再□▨

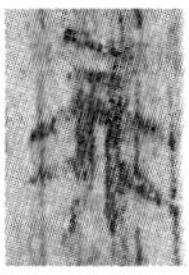

8-1848　敢再拜

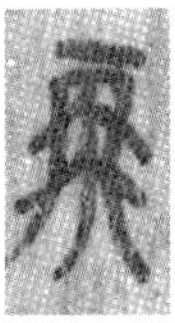

8-659正+8-2088　敢大心再拜▨

幾

0389

8-180　▨金□幾具□▨

9-29　幾（機）百一十七　按：「幾」，通「機」。

9-2147　幾（機）百一十七　按：「幾」，通「機」。

予

0390

8-149+8-489第一欄　▨予言貲二甲　按：「予」，人名。

8-583　▨入給予▨

8-757　御史以均予

8-965　☐予吏，當受錢者謁報，報署主錢☐

8-823正+8-1997正　校長予言敢大心多問　按：「予」，人名。

10-1157　小奴處予　按：「予」，人名。

放

0391

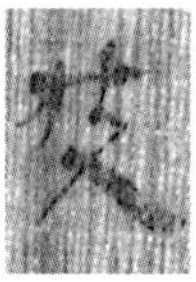

8-768正　放（仿）式上　按：「放」，通「仿」。

爰

0392

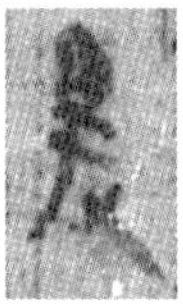

8-207正　黑爰（猨）一　按：「爰」，《校釋》以為通「猨」，猿猴。

受

0393

8-439+8-519+8-537+8-1899　爰書

8-753正　與谿到爰淺　按：似為習字簡。

8-918　爰書

8-1554正　爰書

15-259　爰書

8-63正　受旬陽左公田錢計

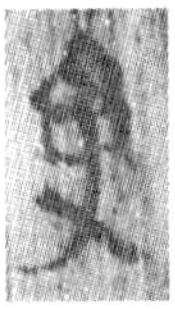

8-179背　受倉隸妾二人☐

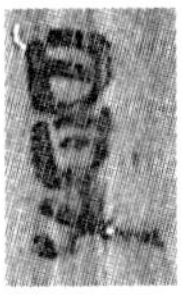

8-242　校之，充弗受

8-1278+8-1757第一欄　受倉大隸妾三人

9-3a　以受（授）陽陵司空

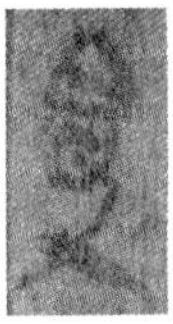

10-1347　☐司空守赤受少內守☐

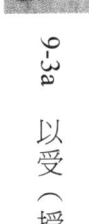

𠭥

0394

6-7 𠭥（敢）言之

7-4a 𠭥（敢）多問

8-60正+8-656正+8-665正+8-748正 𠭥（敢）言之

8-136正+8-144正 𠭥（敢）言之

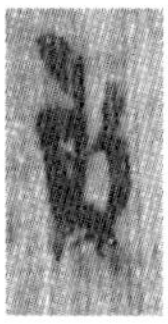

8-157正 敢言之

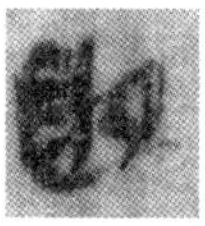

9-3a 敢言之

殊

0395

8-1028 弩廿六皆殊斲（折）☐

死

0396

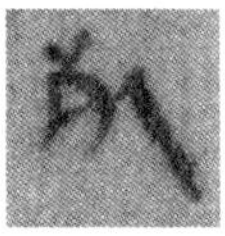

7-304a 其一人死

8-132+8-134第一欄 死者一人

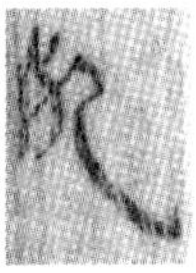
8-1490正+8-1518正　令史敞、彼死　按：「彼死」，人名。

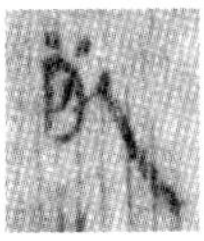
8-1743正 8-2015正　戍吏亡，嘉死，審

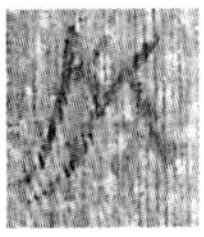
8-2214　事死產▨

9-2273第一欄　毋死亡者

別

0397

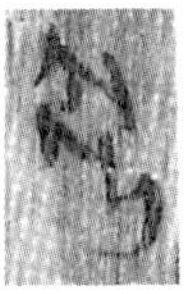
8-41　▨死亡者別以爲二課

8-197背　報別臧

8-657正　新武陵別四道，以次傳

8-1047　⿰粦凡別

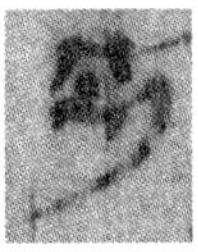
12-1784a　或別署

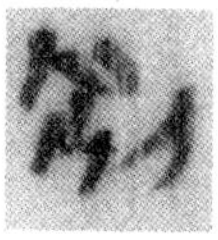

16-5b 都鄉別啓陵、貳春

骨

0398

8-100.1 賤走骨☐

8-780 第一欄 三人病：骨、駠、成 按：「骨」，人名。

8-801 二人治傳舍：它、骨 按：「骨」，人名。

8-822 ☐臧、骨 按：「骨」，人名。

8-1146 四人負土臧、成、駠、骨

肉

0399

8-1290+8-1397 服藥時禁毋食彘肉

8-2524 ☐肉七☐ 按：辭例殘缺。

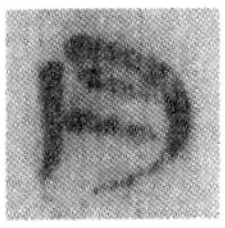

9-1976　虎肉二斗

14-649+14-679　豚肉半斗

肊

0400

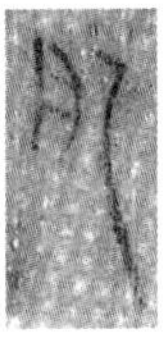

8-720正　☐合肊☐

按：辭例殘缺。

胠

0401

8-2246　襄城武宜都胠

按：「胠」，人名。《釋文》釋「朐」，《校釋》釋「胠」。

臂

0402

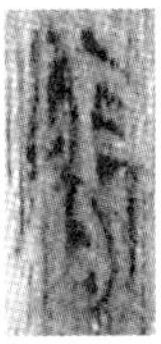

5-1背　士五（伍）臂

按：「臂」，人名。

8-151　弩臂四

8-151　弩臂三

8-1224　启兩臂陰脈

9-29　臂九十七

9-2147　臂九十七

腹

0403

8-171正　它如□後句腹復　按：習字簡。

8-1718　☐治心腹痛

胯

0404

8-787+8-1327　其一人治土：胯　按：「胯」，《釋文》釋「晇」，《校釋》釋「胯」，人名。

肖

0405

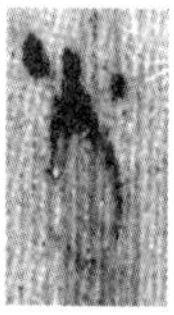

8-1478背　肖　按：此簡背面僅此一字。

8-1966　☐肖　按：辭例殘缺。

胄

0406

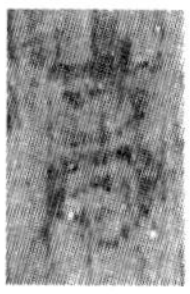

8-458第二欄　胄廿☐

膻

0407

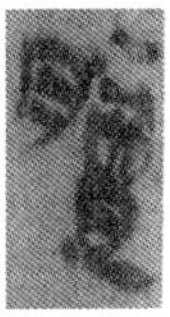

7-304b　守丞膻之　按：「膻之」，人名。

8-60正+8-656正+8-665正+8-748正　遷陵丞膻　按：「膻」，人名。

8-1563正　遷陵守丞膻之　按：「膻之」，人名。

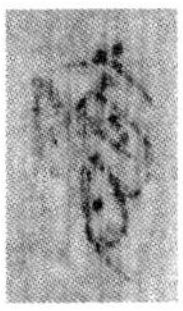

9-2352b　遷陵守丞膻之　按：「膻之」，人名。

臞

0408

8-477　式謁臞季　按：「臞季」，人名。

脫

0409

隋

0410

8-2049背　何柏來歙臞之毋後

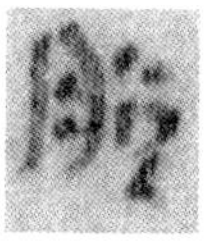

16-5b　皆勿留脫

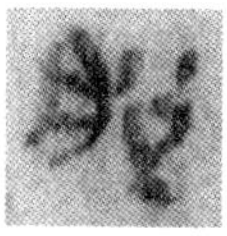

16-6b　皆勿留脫

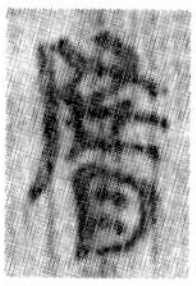

8-534　〼□言爲人白皙色，隋（橢），惡髮須　按：「隋」，通「橢」。「隋」後當脫「面」。

8-682正　妶、嗛、涓、姣、隋、澍　按：「隋」，人名。

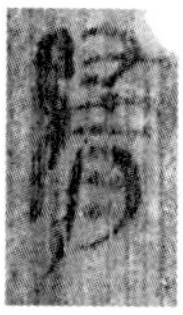

8-687正　〼隋延辵　按：語義不詳。

8-894　吳騷爲人黃皙色，隋（橢）面　按：「隋」，通「橢」。

胡

0411

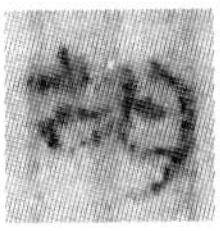

8-439+8-519+8-537+8-1899　絡單胡衣一

8-1463背　遷陵守丞胡　按：「胡」，人名。

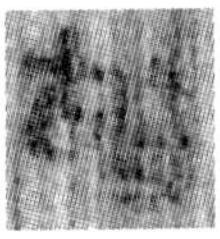

8-1549　陽里小女子胡傷　按：「胡傷」，人名。

8-1554正　大女子陽里胡　按：「胡」，人名。

脯

0412

8-1055+8-1579　出賣祠窨餘徹脯一朐

脩

0413

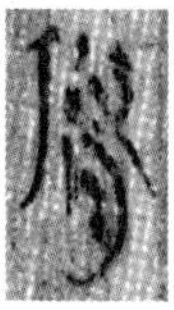

8-119　城旦脩☐　按：「脩」，人名。

胸

0414

8-63背　胸忍　按：「胸忍」，地名。

8-675背　☐胸☐　按：辭例殘缺。

8-988　胸忍　按：「胸忍」，地名。

8-1055+8-1579　賣祠窨餘徹脯一胸于□□□

8-1732　胸忍　按：「胸忍」，地名。

胥

0415

8-60正+8-656正+8-665正+8-748正　都府守胥　按：「胥」，人名。

8-140正　胥手　按：「胥」，人名。

8-60正+8-656正+8-665正+8-748正　亭妻胥亡　按：「胥亡」，人名。

肎

0416

8-1454正+8-1629正　黔首未肎（肯）入　按：「肎」，同「肯」。

8-1562正　文不肎（肯）受

肥

0417

8-1619　爲肥如尉　按：「肥」，《釋文》釋「殀」，《校釋》釋「肥」。「肥如」，地名。

0418 朐

8-703正 以朐具☐ 按：語義不詳。

0419 時

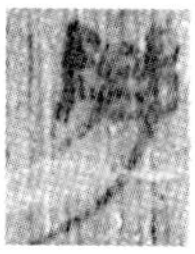

8-1243 治病毋時（時） 按：「時」，通「時」。

0420 臂

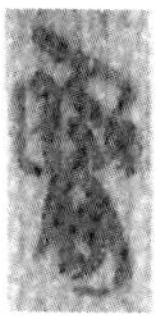

8-348 臂手 按：「臂」，人名。

8-405 臂手 按：「臂」，人名。

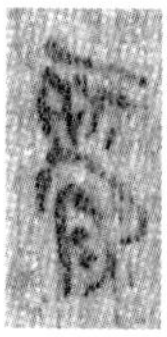

8-839+8-901+8-926 佐臂 按：「臂」，人名。

8-1517背 臂手 按：「臂」，人名。

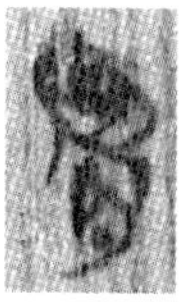

8-1771 臂手 按：「臂」，人名。

筋

0421

8-102+8-597 賣牛及筋

8-70背+8-1913背 列削削筋 按：習字簡。《釋文》釋「箾」，《校釋》釋「箭」。實為「筋」。

8-70背+8-1913背 箾筋筋 按：習字簡。《釋文》、《校釋》釋「萷」。應為「筋」之異體。

8-70背+8-1913背 箾筋筋 按：習字簡。《釋文》、《校釋》釋「箭」。實為「筋」。

8-70背+8-1913背 筋 按：習字簡。《釋文》、《校釋》釋「削」。應為「筋」之省體。

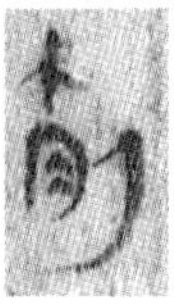

刀

0422

8-834+8-1604 陽里戶人大夫刀 按：「刀」，人名。

削

0423

8-70背+8-1913背 列削削筋 按：習字簡。

8-70背+8-1913背 列削削筋 按：習字簡。

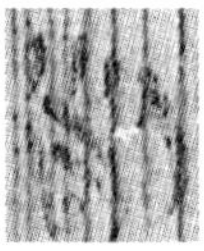

8-1562正 削去其名

9-2294a+9-2305a+8-145正第二欄 三人削廷：央、閒、赫。

利

0424

8-90 ☐遷陵以郵利足行洞庭

8-89+8-117 ☐□利足行洞庭

8-327 ☐嬰兒利☐ 按：「利」，人名。

8-527背 遷陵以郵利足行洞☐

初

0425

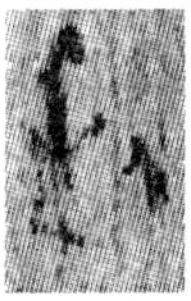

8-67正+8-652正　辛巳，走利以來　按：「利」，人名。

8-1563背　癸卯朐忍宜利錡以來　按：「宜利」，地名。

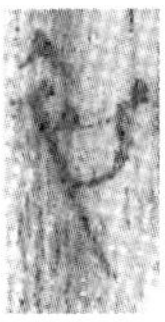

8-142背　佐初　按：「初」，人名。

8-648正　今以初爲縣卒厮死及傳槥書案致

8-1450正　初視事上衍

8-2206+8-2212　乙酉初作□▨

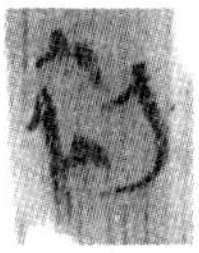

8-2460　▨戌初▨　按：辭例殘缺。

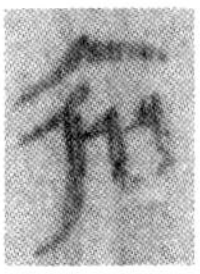

16-9a　初產

刻

0426

8-133　八月癸巳水下四刻

8-657背　水下五刻

8-60背+8-656背+8-665背+8-748背　水十一刻

8-1511背　水下九刻

8-1829　水下八刻

16-5b　水十一刻

副

0427

8-454第一欄　課上金布副

8-704正+8-706正　☐□課副及當食人口數

16-752　計籍志副具此中

辦
0428

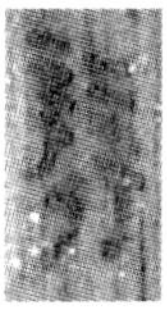

5-1正　獄佐辦　按：「辦」，人名。

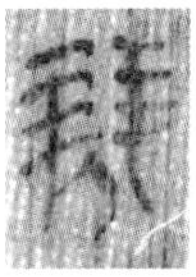

8-682正　澍、支、章、辦　按：「辦」，人名。

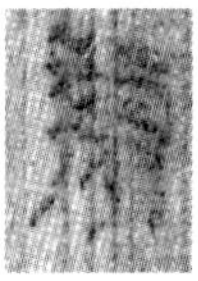

8-1452正　今上出中辦券廿九

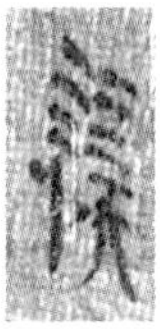

8-1539　貳春鄉守辦　按：「辦」，人名。

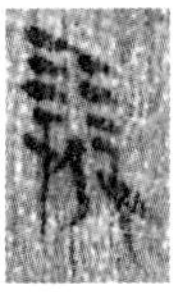

8-1978　☐□辦　按：辭例殘缺。

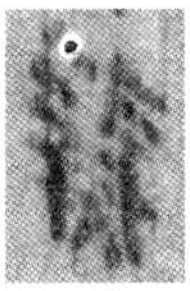

10-1157　小上造辦　按：「辦」，人名。

列
0429

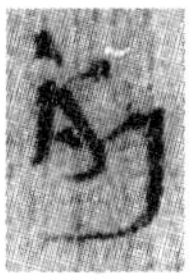

8-70背+8-1913背　列削削筋　按：習字簡。

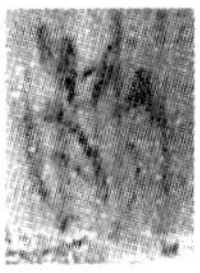

8-366　☐升泰半十一升列☐　按：「列」，《釋文》釋「輸」，《校釋》釋「列」。

刪 0430

9-2352a　乘馬一匹，騧，牡，兩鼻刪

剝 0431

8-490+8-501第一欄　徒隸牲畜死負、剝賣課

剽 0432

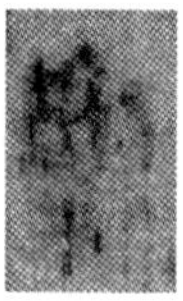

K2/23第三欄　熊子小上造剽　按：「剽」，人名。

釗 0433

8-1435背　人敉敉利釗　按：習字簡。

制 0434

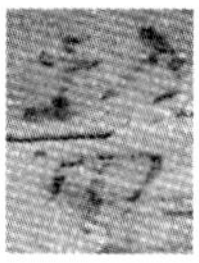

8-461正第二欄　受命曰制

8-461正第二欄　□命曰制

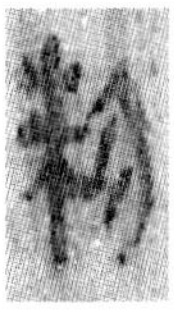

8-528正8-532正+8-674正　故何邦人爵死越□從及有以當制□▨

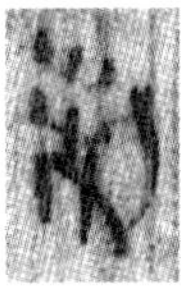

8-1648　▨發羽有制書

劉

0435

8-429　劉戍士五（伍）資中宕登爽

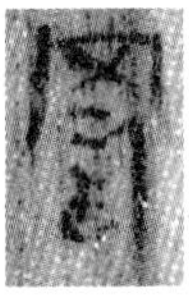

8-707正　□劉□　按：辭例殘缺。

8-761　出貣劉戍士五（伍）醴陽同□祿

8-781+8-1102　出貣劉戍簪裹壞德中里悍

8-2246　出稟劉戍公卒襄城武宜都胠

券

0436

8-63正　校券二

8-435　不智（知）器及左券在所未

8-776　禾稼出入券

8-1818　校券

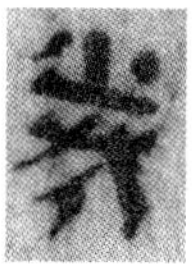
9-3a　錢校券

9-29　物同券齒

劇

0437

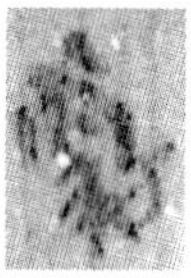
8-2089第三欄　一人爲炭：劇　按：「劇」，人名。

9-2294a+9-2305a+8-145正第三欄　一人爲炭：劇　按：「劇」，人名。

刹

0438

8-1435背　人敄敄刹釗　按：習字簡。

刃 0439

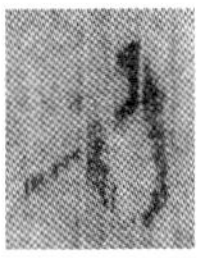

9-1356　金矛刃百六十五

劒 0440

8-439+8-519+8-537+8-1899　鉅劒一

耤 0441

8-782+8-810　☐季，季幸耤（藉）小吏☐☐信☐　按：「耤」同「藉」，憑藉。

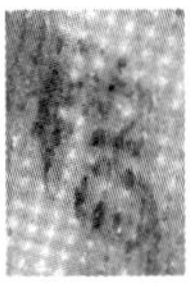

8-2263　耤日工☐☐　按：辭例殘缺。

角 0442

8-162 第二欄　一人取角

8-361　角弢二☐

8-414　史角　按：「角」，人名。

8-541　☑□角☑　按：辭例殘缺。

衡

衡

0443

8-361　衡一☑

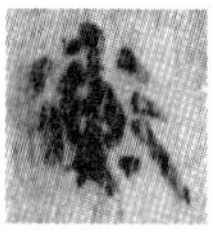
8-548　取車衡榦大八寸、袤七尺者二枚

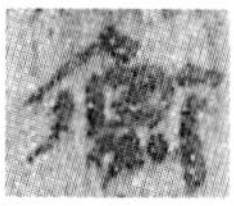
8-1234　衡山　按：「衡山」，地名。

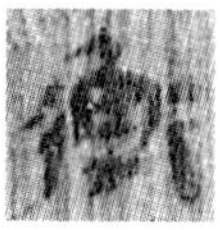
8-1234　衡山　按：「衡山」，地名。

解

解

0444

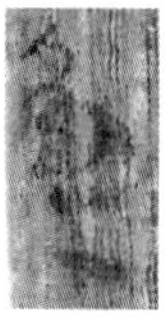
8-43　何解

8-380　給事故，毋它解

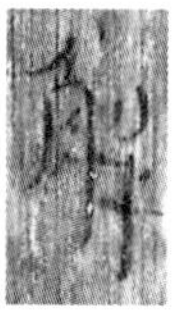
8-874　何解

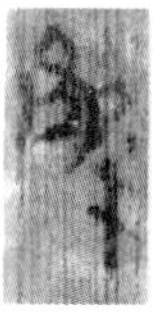
8-1792　☑何解

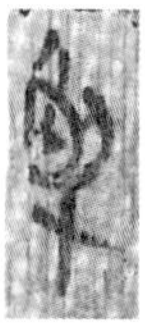
8-1753+8-2223　☑解曰：亟論當田不□☑

觿

0445

9-3b 洞庭叚（假）尉觿 按：「觿」，人名。

9-7b 洞庭叚（假）尉觿 按：「觿」，人名。

9-10b 洞庭叚（假）尉觿 按：「觿」，人名。

9-11b 洞庭叚（假）尉觿 按：「觿」，人名。

9-12b 洞庭叚（假）尉觿 按：「觿」，人名。

觚

0446

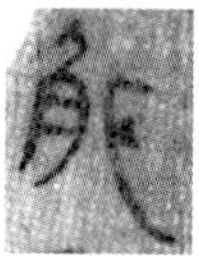

8-205背　啓陵鄉守觚　按：「觚」，人名。

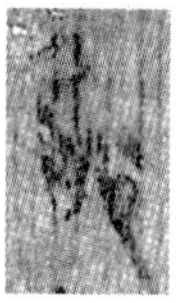

8-1101　☐守觚出以稟發弩繹☐　按：「觚」，人名。

里耶秦簡文字編·卷五上

竹

0447

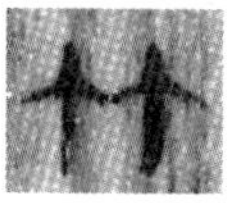

8-292　▨以竹▨

8-454第一欄　疇竹

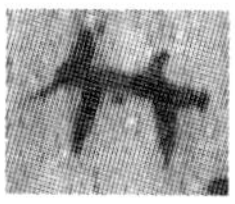

8-454第三欄　竹箭

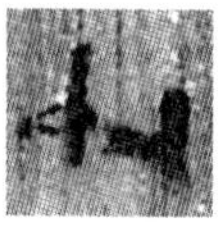

8-26+8-752正　竹簾一

8-1074　竹笥二合

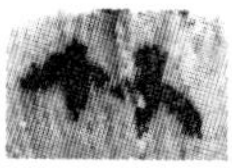

8-1188　竹少笥一合

箭

0448

8-454第三欄　竹箭

節

0449

8-64正+8-2010正　而尉言毋當令者，節☐　按：辭例殘缺。

8-169正+8-233+8-407+8-416+8-1185　節（即）不能投宿齎　按：「節」，通「即」。

8-1221　三指冣（撮）到節二

8-1832+8-1418+8-1133　其罪節（即）重若益輕　按：「節」，通「即」。

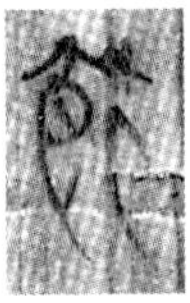

8-1570　節（即）弗平，幸告使者　按：「節」，通「即」。

籍

0450

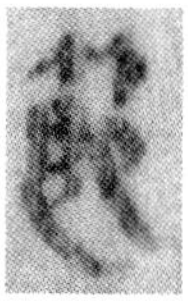

16-5a　輸甲兵當傳者多節傳之

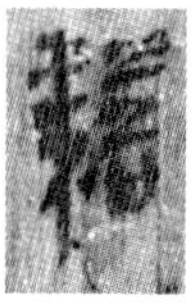

8-477　式謁臞季，季籍式診式　按：「式」、「臞季」，人名。

8-1490正+8-1518正　倉已定籍

8-1624正　充獄失守府毋計籍□

9-2350a　恒籍以爲田

10-1119a　今以辟書案致其籍

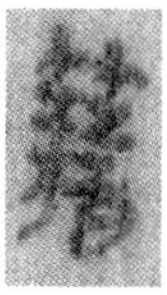

16-9a　年籍

篇

0451

8-1900　用和桼六斗八升六篇（龠）☐　按：「篇」，通「龠」。

簡

0452

8-2021背　☐謁之傳叔簡直□談室

等

0453

8-216+8-351+8-525　小城旦卻等五十二人

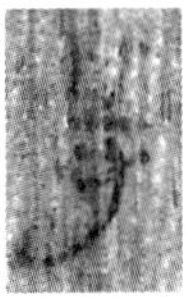

8-314　等何解

8-757　司空厭等

8-1576　食舂央芻等二☐

16-9a　渚里不㔿等十七戶

16-9a　今問之㔿等

符

0454

8-985　司空長佐鄀符發弩守攀探、遷陵拔前　按：「符」，《校釋》疑讀為「付」。

8-987　信符

8-1560正　定其符

8-2152　隸大女子符容　按：「符容」，人名。

筥

0455

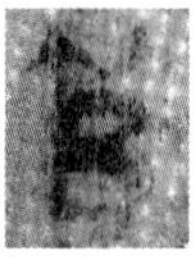

8-607　☐章圖筥　按：辭例殘缺。

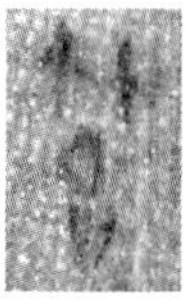

8-900　筥九合

8-932　竹筥二合

8-1074　☐竹筥二合

8-1170+8-1179+8-2078　☐竹筥一合

筍

0456

9-2294a+9-2305a+8-145正第五欄　一人爲筍：齊

8-906　卅四年遷陵課筍

8-1188　竹少筍一合

8-1200正　卅五年當計券出入筍具此中

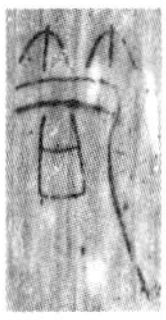

8-1536　筍甲

9-26　元年少內金錢日治筍

箸

0457

5-10　☐以爲戉（攻）具，箸（書）至日☐　按：「箸」，通「書」。此簡帶有楚系文字風格。

籣

0458

8-113　☐爲籣、枝☐

8-26+8-752正　竹籣一

笞

0459

8-1379　上人奴笞者，會七月廷

笈

0460

9-2294a+9-2305a+8-145正第二欄　一人取笈（簐）：廄　按：「笈」，《博物館校訂》釋「笈」，以為通「簐」。

9-2294a+9-2305a+8-145正第五欄　七人取笈（簐）　按：「笈」，《釋文》、《校釋》未釋，《博物館校訂》釋「笈」，通「簐」。

策

0461

8-2254 ☐枳策☐ 按：辭例殘缺。《釋文》釋「筴」，《校釋》釋「策」。

篇

0462

8-70背+8-1913背 ☐篇筋筋 按：習字簡。

篙

0463

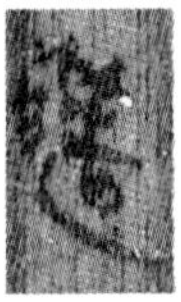

8-1237 篙□三兩

篷

0464

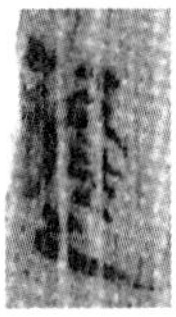

8-2283 ☐篷論☐ 按：辭例殘缺。

箕

0465

8-2098 故居魏箕李☐ 按：「魏箕」，地名。

8-2133　故居魏箕攻　按：「魏箕」，地名。

6-4　沅陵其假船二㮴　按：「其」，字形與《說文》籀文𠀠同。

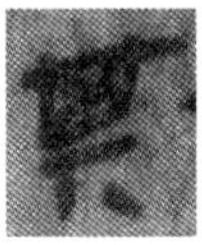
7-304a　其廿八人死亡

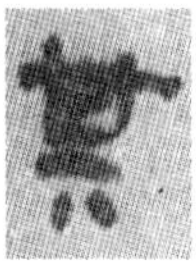
8-135正　其亡之

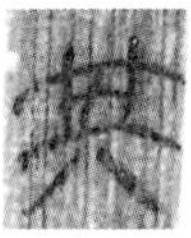
8-805　其當耐☐

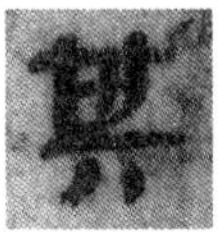
9-3a　訾其家

10-1119a　今以辟書案致其籍

典

0466

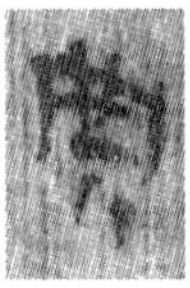
8-157正　成里典

8-550　典和占

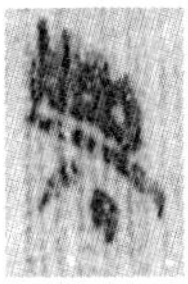
8-661正　南里典

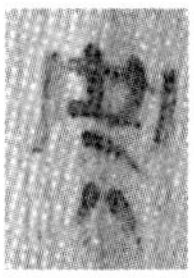
8-1554正　典弘占

8-1800　典販

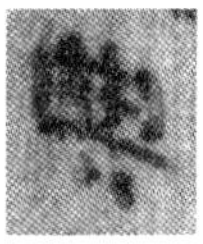
10-1157　典朝占

畀

0467

8-1008+8-1461正+8-1532　出畀　按：「畀」，給。

左

0468

8-63正　左公田

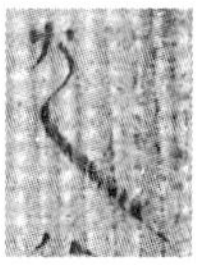
8-197背　居貲枳壽陵左行　按：「左」，人名。《釋文》釋「走」，《校釋》釋「左」。

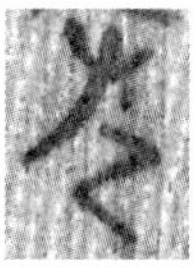
8-435　不智（知）器及左券在所未

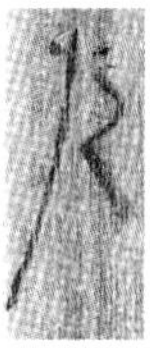
8-1864　☐孟鼪左過其☐　按：語義不詳。

工

0469

12-1784a　左方

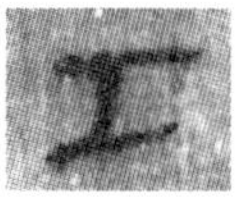

8-463　工律

8-463　□者佐工爲它□☐

8-493第二欄　工用計

8-756　吏僕、養、走、工、組織

9-1138　工用計

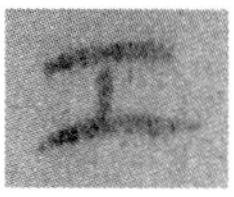

16-752　工用計

式

0470

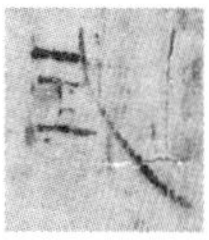

8-94　群志式具此中

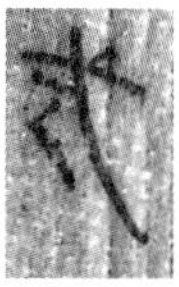

8-235　☐爲式十一牒

8-434　守府上簿式

8-477　式謁臞季　按：「式」，人名。

8-768正　放（仿）式上

8-2480　▨甲子上應式今▨

巧 0471

8-1423　巧詐（詐）

巨 0472

8-711背　乙二言巨□高□▨　按：辭例殘缺。

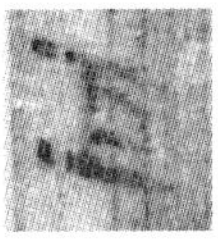

8-2035背　巨手　按：「巨」，人名。

巫 0473

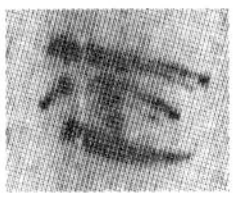

8-34　西巫里夫練　按：「巫里」，地名。

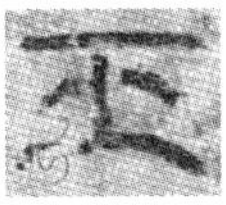

8-461正第一欄　毋敢曰巫帝曰巫

8-793+8-1547　士五（伍）巫　按：「巫」，人名。

9-762 士五（伍）巫 按：「巫」，人名。

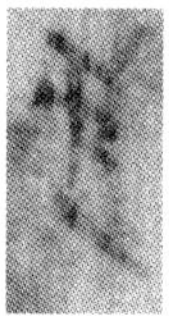
16-5b 巫陽陵士五（伍）匄以來 按：「巫」，地名。

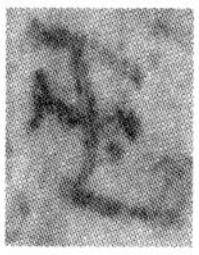
16-6b 士五（伍）巫 按：「巫」，人名。

甘

0474

8-1057 甘草

8-1443正+8-1455正 大奴幸、甘多 按：「甘多」，人名。

甚

0475

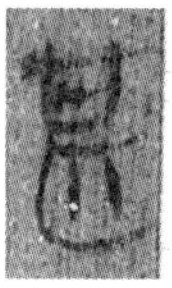
8-508 甚不應律

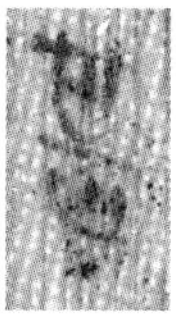
8-2000 甚遠

曰

0476

8-62正　令曰

8-135正　報曰

8-135正　誧曰

8-173正　廷書曰

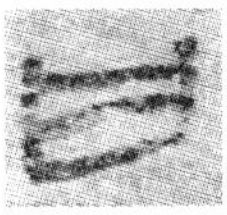

8-461正第二欄　王獵曰皇帝獵

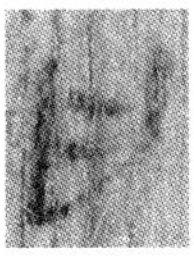

9-39　律曰

9-2352a　名曰

曹

0477

8-241　廷吏曹☐

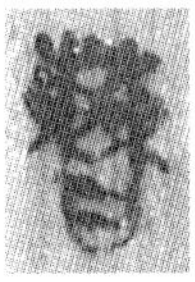

8-375　司空曹

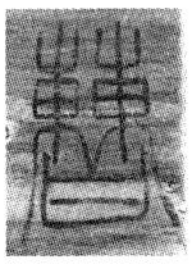

8-1201　倉曹

8-2550　遷陵以郵行，覆曹發洞庭

9-1130　司空曹

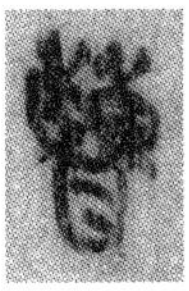

16-3　尉曹

乃

0478

8-278 〼所遣乃

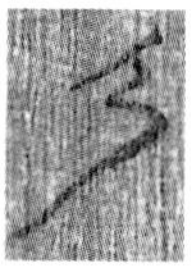

8-758 及蒼梧爲郡九歲乃往歲田

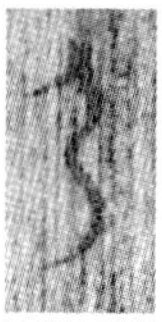

8-2482 〼乃成市

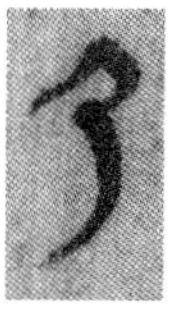

9-7a 乃移報

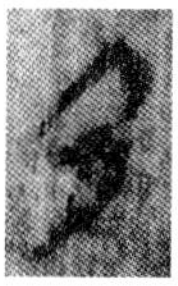

9-10a 乃移戍所報署主責發

16-6a 乃輿繇

卤

0479

8-140正 以廼十一月戊寅遣之署 按：「廼」，學者或訓為「往」。

8-2085 〼廼三月戊〼

8-143正+8-69正+8-2161正 廼四月乙未言曰〼

可

0480

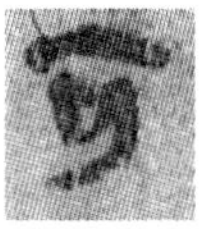

8-63正　問可（何）計付，署計年爲報　按：「可」，通「何」。

8-103　☐毋物可問者，欲☐

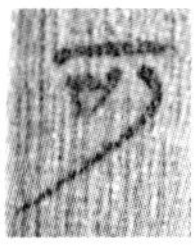

8-756　不可

8-659正+8-2088　居者（諸）深山中，毋物可問

9-1112a　唐有盜，可卅人

12-140　長可七尺

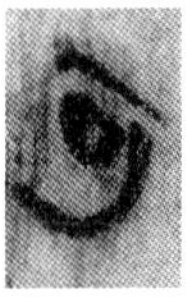

15-259　長可六月六尺九寸

奇

0481

8-209背　鞫歐：失拜騶奇爵　按：「騶奇」，人名。

8-1519正　奇不率六斗

亏

0482

8-758　弗令田且徒少不傳于奏

8-827　☐于隸臣齰所取錢十二

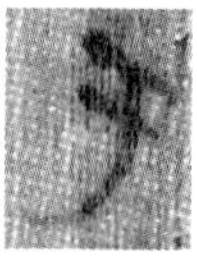

8-992　☐☐出錢千一百五十二，購隸臣于捕戍卒不從☐

8-1162+8-1289+8-1709　出賣祠窨餘徹食四斗半斗于隸臣徐

9-1976　虎肉二斗賣于更

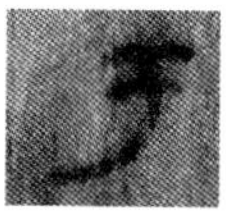

14-698　酒一斗半賣于城

平

0483

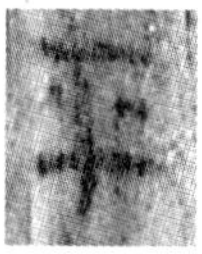

5-1正　獄佐辨、平　按：「平」，人名。

8-45+8-270　令史尚視平

8-761　令史兼視平

8-2040背　平城　按：「平城」，地名。

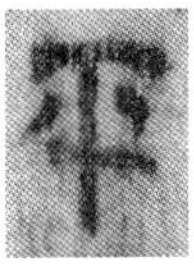

9-728第一欄　守丞平　按：「平」，人名。

16-2　平邑鄉　按：「平邑」，地名。

嘗

嘗

0484

8-1322+8-1849+8-1882　☒不識日誠嘗取寄爲庸☒　按：辭例殘缺。

喜

喜

0485

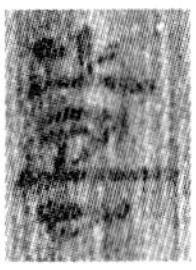

8-968　倉佐喜死　按：「喜」，人名。

8-1800　喜、成、典販皆☒　按：「喜」，人名。

K49第一欄　不更縊喜　按：「縊喜」，人名。

0486 憙

8-67背+8-652背　☒憙☒　按：辭例殘缺。

0487 彭

5-17　☒彭城守丞☒　按：「彭城」，地名。

8-105　彭陽　按：「彭陽」，地名。

8-169正+8-233+8-407+8-416+8-1185　書彭陽　按：「彭陽」，地名。

0488 嘉

8-439+8-519+8-537+8-1899　什長嘉　按：「嘉」，人名。

8-987　嘉平　按：「嘉平」，即「臘祭」。

9-7b　嘉手　按：「嘉」，人名。

9-10b　嘉手　按：「嘉」，人名。

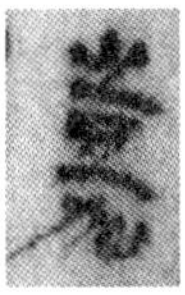

16-6a　縣嗇夫卒史嘉　按：「嘉」，人名。

16-6a　嘉、穀、尉令人日夜端行　按：「嘉」，人名。

鼓

0489

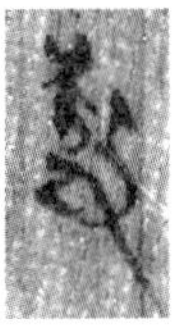

8-753正　襲鼓山　按：似為習字簡。

虖

0490

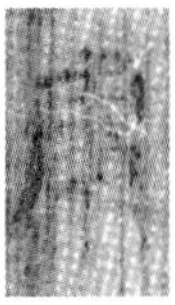

8-823正+8-1997正　柏得毋爲事繇虖（乎）　按：「虖」，通「乎」。

K1/25/50第四欄　小女子虖　按：「虖」，人名。

虎

0491

8-168背　⧄虎　按：辭例殘缺。

8-170正　得虎，當復者六人

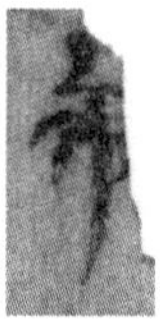

9-1976　虎肉二斗

虒

0492

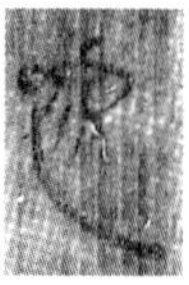

8-1350　虒即令⧄　按：「虒」，《釋文》釋「遞」。《校釋》釋「虒」。疑為人名。

K48第三欄　子小上造虒　按：「虒」，人名。

盛

0493

8-247　守府戍卒士五（伍）狗以盛都結

8-478第四欄　盛錢木甲（匣）一

齍

0494

8-169正+8-233+8-407+8-416+8-1185　當成齍

8-169正+8-233+8-407+8-416+8-1185　以律令成齍　按：「齍」，《釋文》未釋，《校釋》釋「齍」。

盧

0495

8-769正　盧（鱸）魚　按：「盧」，通「鱸」。

8-2056　盧（廬）江　按：「盧」，通「廬」。地名。

益

0496

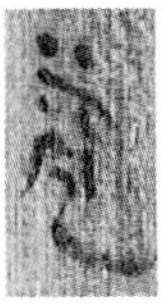

6-7　當爲徒隸買衣及予吏益僕

8-151　益陽　按：「益陽」，地名。

8-877+8-966　吏益僕☐

8-1293正+8-1459正+8-1466正　益固里　按：「益固里」，地名。

8-1499正　☐紅薄繕益　按：語義不詳。

9-2294a+9-2305a+8-145正第一欄　二人徒養：臣、益　按：「益」，人名。

盈

0497

8-51　☐月甲子日中過盈☐　按：「盈」，似為地名。

8-1329　☐已病不盈三

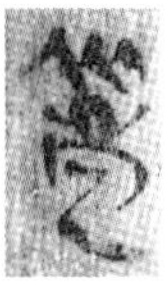

8-1565正　盈夷鄉　按：「盈夷鄉」，地名。

9-2287a　盈夷鄉　按：「盈夷鄉」，地名。

盡

0498

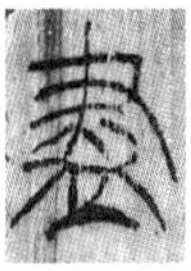

8-214　卅三年十一月盡

8-757　廿六年盡

8-1798　盡九月

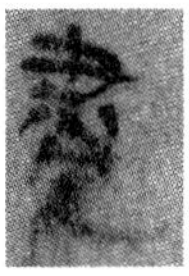

12-3　徒盡毋遺也

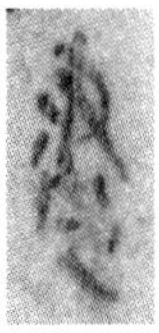

16-5b　三月癸丑水下盡

盄

0499

8-890+8-1583　佐盄　按：「盄」，人名。

8-1590+8-1839　佐盄　按：「盄」，人名。

8-1590+8-1839　盄手　按：「盄」，人名。

去 0500

8-74正　☐去田官☐

8-159正　御史丞去疾　按：「去疾」，人名。

8-455第二欄　去鄉七里

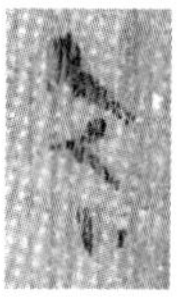

8-1004　急告令去

8-2544　☐棄去之及期☐

血 0501

8-225+8-302+8-1339+8-1786　天雨血，賜有病身疾

主 0502

8-63正　敢告主

8-143正+8-69正+8-2161正　尉主

8-156　廷主

8-303　遷陵主薄（簿）發洞庭

8-1563正　倉主

9-3a　報署主責發

丶部

主

12-849b 司空主

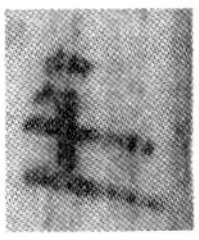
16-6b 司空倉主

丹

0503

里耶秦簡文字編・卷五下

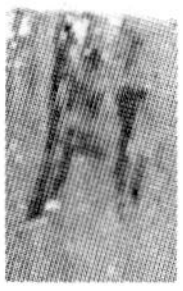

8-430　丹陽　按：「丹陽」，地名。

8-453　丹陽　按：「丹陽」，地名。

8-1070　☒丹子大女子巍（魏）並　按：「丹」，人名。

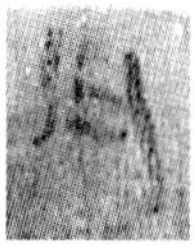

8-1807　丹陽　按：「丹陽」，地名。

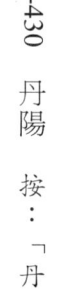

8-2098　丹子大女子巍（魏）嬰㛄　按：「丹」，人名。

青 0504

9-2294a+9-2305a+8-145正第六欄　一人作務：青　按：「青」，人名。

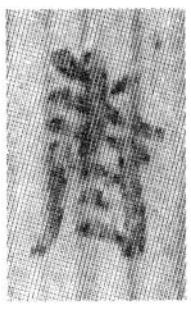

8-1070　大女子青黑　按：「青黑」，《校釋》疑為人名。

靜 0505

8-1356　士五（伍）陽里靜　按：「靜」，人名。

刱 0506

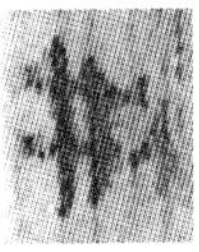

8-244第一欄　⧄一人乾刱（井）　按：「刱」，通「井」。

8-1516正　以刱（荆）山道丞印行□　按：「刱」，通「荊」。

即

0507

8-63 正　即走申行司空

8-768 背　六月乙巳旦守府即行

8-918　遷陵拔爰書即訊☐

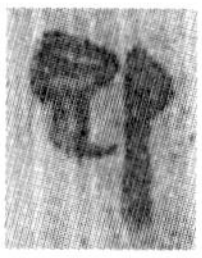

8-754 正+8-1007　即與史義論貲渠、獲各三甲

8-1071　廿八年七月己酉到庫即上☐

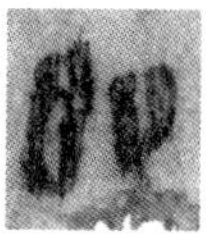

16-9b　逐手即☐

爵

0508

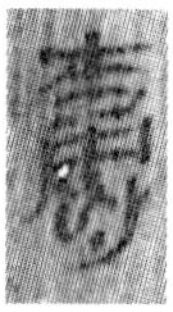

8-247　☐尉府爵曹卒史文

8-330　☐縣爵里

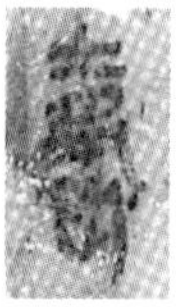

8-528 正+8-532 正+8-674 正　故何邦人爵死越□從及有以當制□☐

食

0509

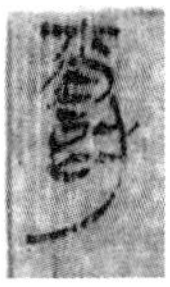

8-702背+8-751背　☐齍一級

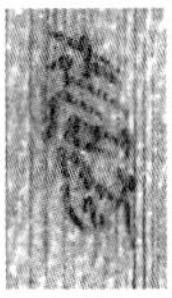

8-1112　☐買齍

8-2551　齍它　按：語義不詳。

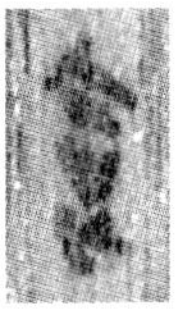

5-1正　食盡

8-50+8-422　以次續食

8-157背　旦食時

8-704正+8-706正　別小大爲食☐

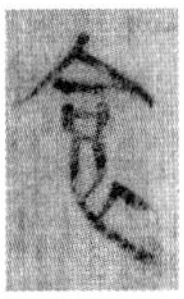

9-2301　二月乙亥旦食起詣廷

12-682　後年洞庭食少縣或取☐

養

0510

8-130正+8-190正+8-193正　吏僕養者皆屬倉☐

8-239第二欄　一人徒養：渭

8-756　吏僕、養、走、工、組織

8-773正　卌二人徒養

8-1560正　以律令假養

10-1170第一欄　其男四百廿人吏養

飤

0511

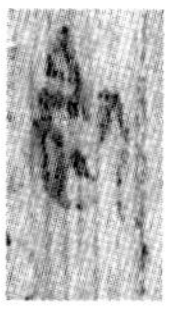

8-1042+8-1363　譱（善）飤（食）不能飤（食）　按：學者或釋為「飢」。

8-1042+8-1363　譱（善）飤（食）不能飤（食）

鋪 0512

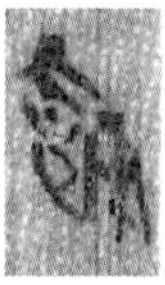

8-728背+8-1474背　鋪時

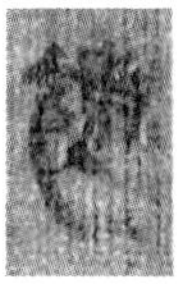

8-2213　☑若已聞令，鋪不行半

饒 0513

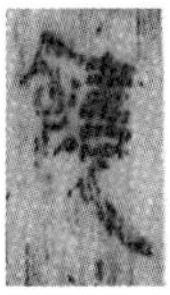

8-42+8-55　有不定者，謁令饒定　按：「饒」，人名。

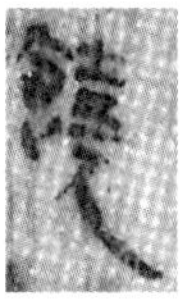

8-739背　饒手　按：「饒」，人名。

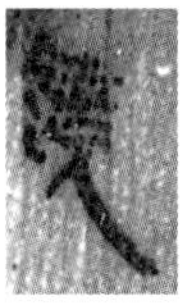

8-1436背　饒手　按：「饒」，人名。

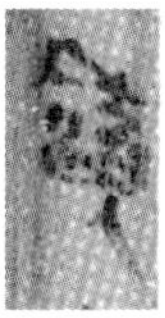

8-1554正　小奴嚋、饒　按：「饒」，人名。

餘 0514

7-304a　餘隸臣妾百一十六人

8-151　卌四年餘見弩臂百六十九

8-1162+8-1289+8-1709　出賣祠𥦗餘徹食

8-1055+8-1579　出賣祠𥦗餘徹脯一朐

8-1844　▨盔七具，度縣用足，餘二

9-3a　餘錢

9-984a　小妾璽餘　按：「璽餘」，人名。

0515 餇

9-19a第三欄　鬻米半餇

0516 ⿰飠貿

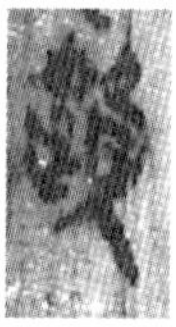

8-169正+8-233+8-407+8-416+8-1185　隸□⿰飠貿爲獄行辟　按：「⿰飠負」，人名。

8-1467背　人饋以來　按：「饋」，人名。

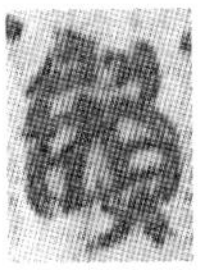

8-2101第一欄　☐人市工用：饋、亥　按：「饋」，人名。

合

合

0517

8-720正　☐合肊☐　按：辭例殘缺。

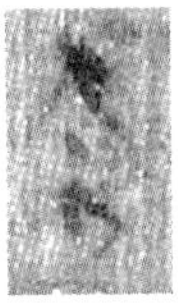

8-900　筥九合

8-932　竹筥二合

8-1188　竹少筒一合

8-1986　筒二合

8-1170+8-1179+8-2078　☐竹筥一合

今

0518

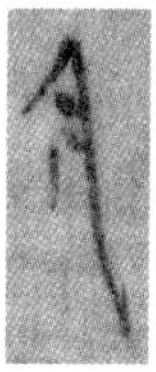

7-4a　今敬進

8-63正　今上責校券二

8-135正　今寫校券一牒

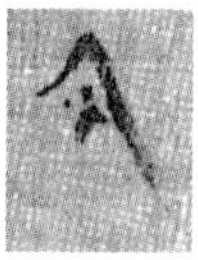

8-152正　今書已到

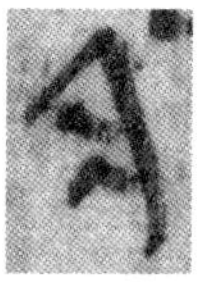

9-3a　今爲錢校券一

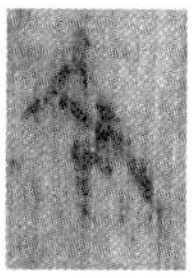

10-1119a　追今以辟書案致其籍

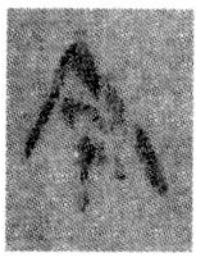

12-849a　今以旦遣佐頽受謁令官叚謁報

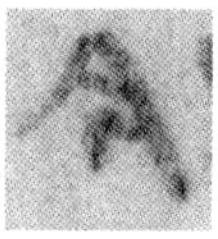

16-5a　今洞庭兵輸內史及巴南郡

舍

0519

8-87背　☐鄉□舍內中

8-142正　都鄉守舍　按：「舍」，人名。

會

0520

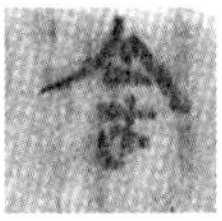

8-160 ⧄舍夷陵⧄

8-988 舍人

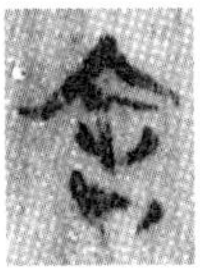

8-1749+8-2165正 舍人

8-2039背 ⧄傳舍

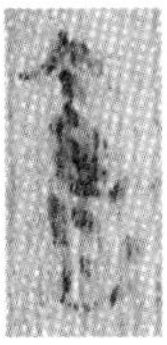

8-24 ⧄四時志會⧄

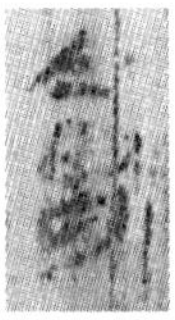

8-62正 恒會四月朔日泰守府

8-175背 恒會正月七月朔日廷

8-1258 ⧄恒會九月朔日

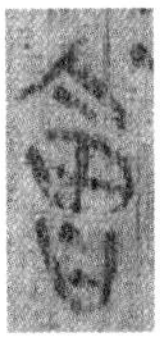

9-38 不如守府期會

16-2032a ⧄佐史日備歸者恒會八⧄

倉

0521

7-304b 倉武

8-136正+8-144正 倉守

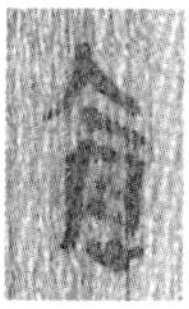

8-45+8-270 倉佐

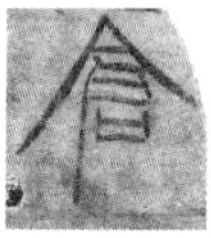

8-1201 倉曹

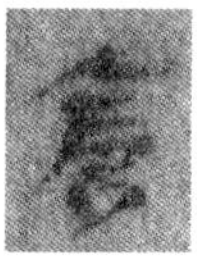

12-3 金倉徒

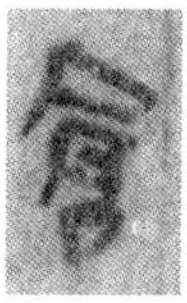

16-6b 司空倉主

入

0522

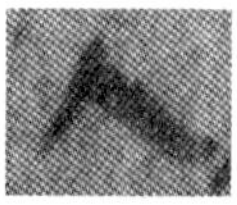

7-304a 入卅五人

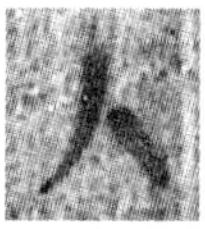

8-232 能入貲

8-776 禾稼出入券

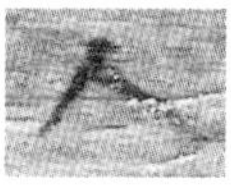

8-1200正 出入

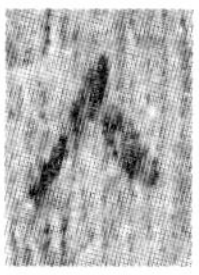

8-1272 作務入錢

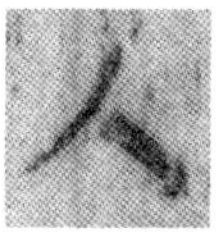

9-3a 弗能入

9-1869b 日入

內

0523

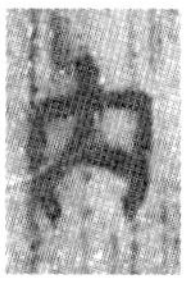

8-22+8-131+8-378+8-514　少內

8-527正　少內

8-657正　內史

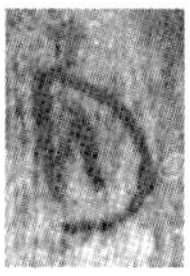

8-1508　少內守

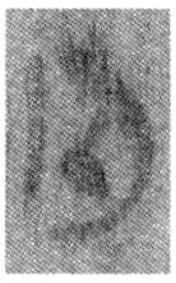

10-1347　少內守

16-6a　內史

缶

0524

8-686正+8-973正第二欄　丈城旦一人約車：缶　按：「缶」，人名。

缺

0525

7-67+9-631　其二人缺

7-67+9-631　其四人缺

8-157正　成里典、啓陵郵人缺

8-768正　守府下四時獻者上吏缺式曰：放（仿）式上

8-1118　囚缺吏見一人

8-1137　缺卅五人

缿

0526

8-2488　爲缿疑即☒　按：語義不詳。

矢

0527

8-26　矢五十

8-458第三欄　矢四萬九百☒

8-439+8-519+8-537+8-1899　矢二百

8-2345　☒具弩矢☒

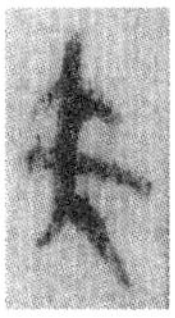
9-29　矢四萬九百九十

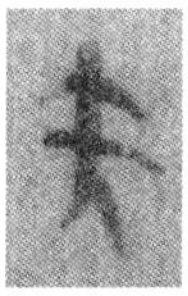
9-2147　矢四萬九百九十八

矦 0528

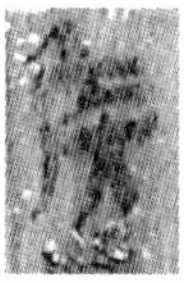

8-67正+8-652正　秦人□□□矦中秦吏自捕取

矣 0529

8-594　久矣

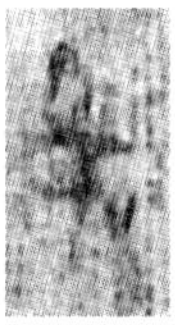

8-2473　菅矣☒　按：辭例殘缺。

高 0530

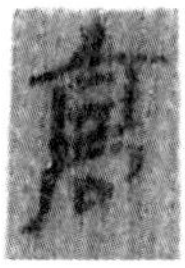

8-341　高里公士☒　按：「高里」，地名。

8-455第二欄　高丈二尺

8-651正　高里士五（伍）啓　按：「高里」，地名。

8-1079　高密　按：「高密」，地名。

8-666正+8-2006正　高成　按：「高成」，地名。

9-43　高里戶人　按：「高里」，地名。

亭

0531

8-38　陳亭

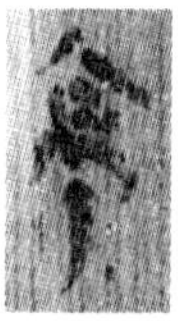

8-649　皆以門亭行

8-1114+8-1150　貳春亭

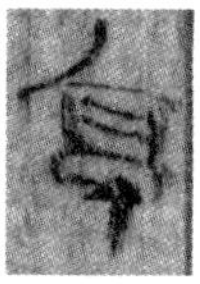

9-1112a　唐亭

10-954　龍亭

市

0532

6-14　☐華令佐利訊市人

8-454 第二欄　市課

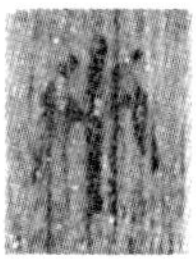

8-888+8-936+8-2202　少內沈受市工用叚（假）少內唐

8-1771　☐付市叚少內唐

8-2101第一欄　市工

8-2117　☐市書曰☐

央

0533

8-780第一欄　三人負土：軫、乾人、央芻　按：「央芻」，人名。

8-1259正　一人徒養：央芻　按：「央芻」，人名。

8-1576　央芻　按：「央芻」，人名。

9-2294a+9-2305a+8-145正第二欄　三人削廷：央、閒、赫　按：「央」，人名。

京

0534

8-238+8-585　下妻曰京　按：「京」，人名。

8-925+8-2195　大隸妾□、京、窯、茝　按：「京」，人名。

就

0535

8-137背　就手　按：「就」，人名。

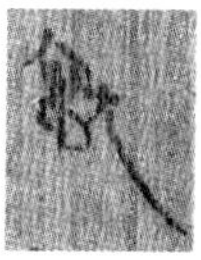

8-262　西就　按：「西就」，《校釋》以為里名。

8-300　鄉佐就貲一甲　按：「就」，人名。

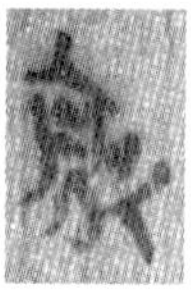

8-448+8-1360　小隸臣就　按：「就」，人名。

8-1083　士五（伍）巫南就甘路　按：「南就」，地名。

9-1976　令史就　按：「就」，人名。

良

0536

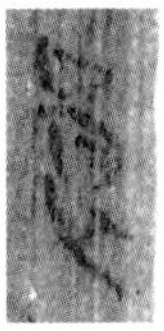

8-1123　☐今視渠良追薄　按：「渠良」，人名。

8-1515背　隸臣良朱以來　按：「良朱」，人名。

8-793+8-1547　司空渠良　按：「渠良」，人名。

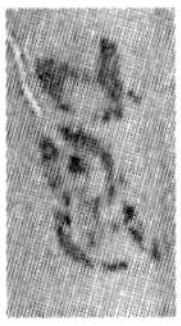

8-1554正　大奴良　按：「良」，人名。

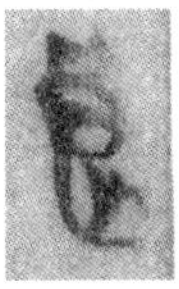

9-1308　良藥

稟

0537

8-448+8-1360 出稟

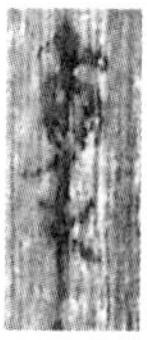

8-762 稟人

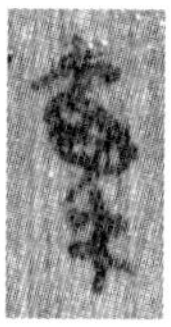

8-1134 稟人

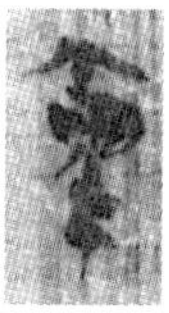

8-1580 稟人

9-762 出稟

10-1021 遷陵稟司馬丞☐

嗇

0538

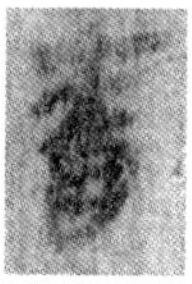

7-67+9-631第二欄 官嗇夫十人

8-61正+8-293正+8-2012正 嗇夫

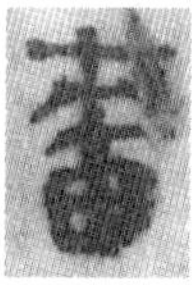

8-141正+8-668正 嗇夫

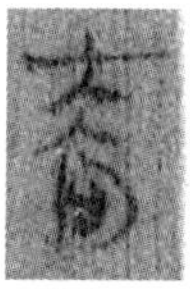

8-508 嗇夫

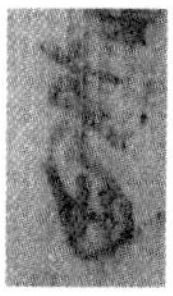

12-1178 嗇夫

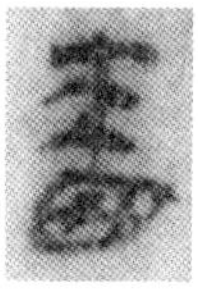

16-6a 縣嗇夫

來

0539

8-133背 走賢以來

8-135背 十月戊寅走己巳以來

8-161+8-307 穎陰相來行田宇

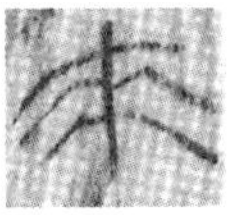

8-1777+8-1868 往來

8-1886 隸臣羅以來

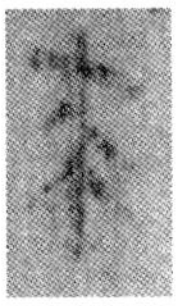

9-984b 隸妾以來

16-1 守府快以來

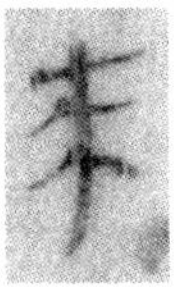

16-5b 戍辰以來

麥

0540

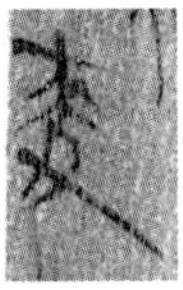

8-258 ☐魯治麥□三

夌

0541

5-5正 𨙶夌公 按：「夌」，同「陵」。「𨙶夌」，地名。此簡帶有楚系文字風格。

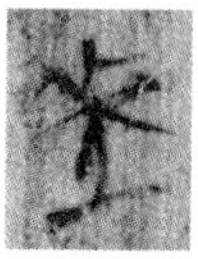

5-5背　⿱戔止夌　按：「夌」，同「陵」。「⿱戔止夌」，地名。

致

0542

7-14　廿七年吏致走書

8-137背　☐事以其故不上，且致劾論子

8-777　致書

8-775+8-884　各以其耐致耐之

8-143正+8-69正+8-2161正+8-2161正　致（至）今弗遣步　按：「致」，通「至」。

愛

0543

8-567　☐人爲司寇：愛☐　按：「愛」，人名。

夏

0544

5-3背 ☐夏伍人☐ 按：辭例殘缺。

夋

0545

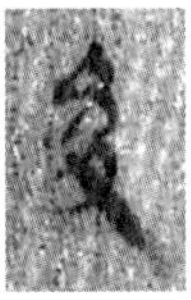

8-171背 金夋後 按：習字簡。

舝

0546

8-1556背 舝 按：此簡背面僅此一字。

韋

0547

8-138背+8-174背+8-522背+8-523背第一欄 □□□□令史韋行 按：「韋」，人名。

韓

0548

8-894 邯鄲韓審里 按：「韓審里」，地名。

8-925+8-2195　韓歐毋　按：「韓歐毋」，人名。

8-143正+8-69正+8-2161正　冬多雨，韓□☐　按：辭例殘缺。

⿰韋隹

0549

8-487+8-2004正　令史⿰韋隹　按：「⿰韋隹」，人名。

8-487+8-2004正　⿰韋隹手　按：「⿰韋隹」，人名。

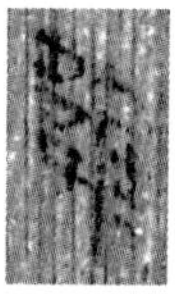

8-1351　事未已，⿰韋隹　按：辭例殘缺。

弟

0550

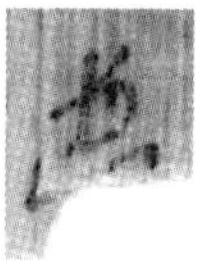

8-682正　支、章、辨、弟　按：「弟」，人名。字形下部略殘。

久
0551

8-594　久矣

8-1290+8-1397　雖久病必已

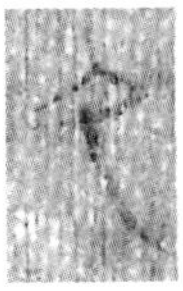
8-1689　求菌內久□☐　按：辭例殘缺。

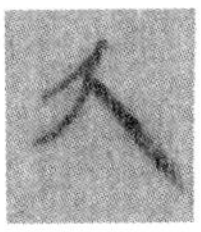
9-762　士五（伍）巫狼旁久鐵　按：「久」，人名。

椉
0552

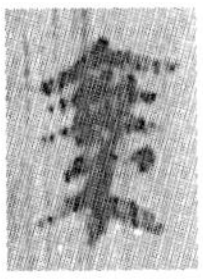
8-175正　☐敢言之：令曰上見轀輬軺乘車

8-461正第一欄　王馬曰乘輿馬

8-461正第二欄　乘傳客爲都吏

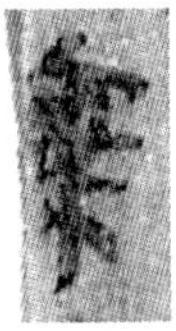
8-677正　☐乘及具徙洞庭郡

16-6a 乘城卒

里耶秦簡文字編·卷六上

木

0553

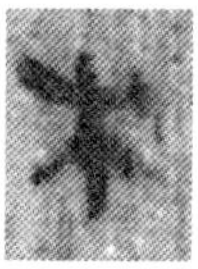

6-25　木織滕三

8-455第一欄　枝（枳）枸三木

8-462+8-685正　泰山木功右□守丞勳追

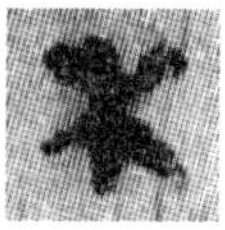

8-478第二欄　木反□四　按：辭例殘缺。

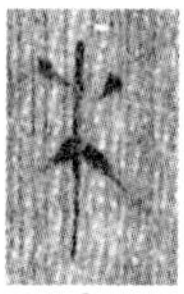

8-837　取蓳芒群木實十☐

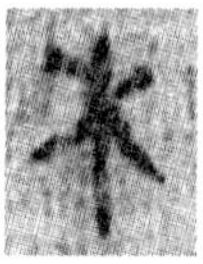

8-2193正　木薪一石五斗

梬
0554

8-569　二人繕官府：羅、梬　按：「梬」，人名。

梅
0555

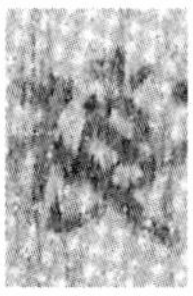

8-1664 第四欄　梅　按：此行僅此一字。

李
0556

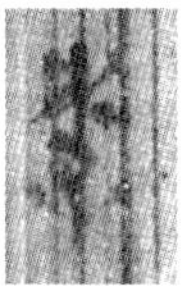

8-206 背　李季　按：「李季」，人名。

8-918　安成不更李□▨　按：「李」，《釋文》釋「孝」，《校釋》釋「李」。人名。

桂
0557

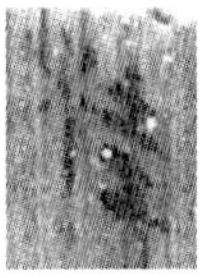

8-1221　枯橿（薑）、菌桂

杜 0558

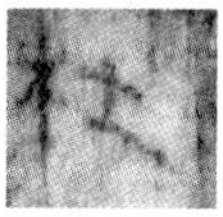

10-1594b 杜□令人☐ 按：辭例殘缺。

梓 0559

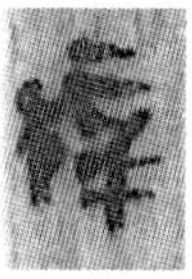

8-71正 梓潼 按：「梓潼」，地名。

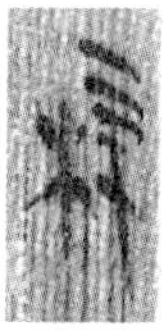

8-1445正 梓潼 按：「梓潼」，地名。

柀 0560

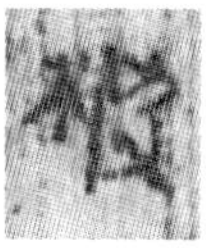

8-197正 居吏柀（頗）使及☐ 按：「柀」，《校釋》疑讀為「頗」。

8-1171 ☐柀（頗）不能歡

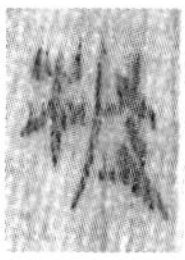

8-1454正+8-1629 ☐都鄉柀（頗）不以五月斂之

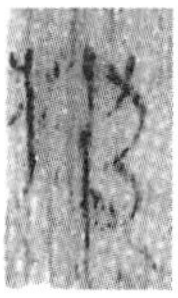

8-2399 ☐□及柀☐ 按：辭例殘缺。

枸

0561

8-455第一欄 貳春鄉枝（枳）枸志

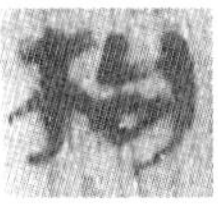

8-455第一欄 枝（枳）枸三木

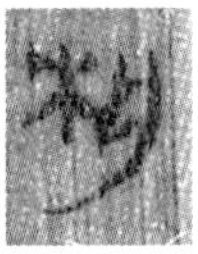

8-855 枳枸

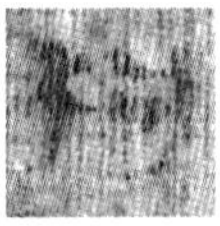

8-1527正 枳枸

櫑

0562

8-1221 枯櫑（藟） 按：「櫑」，通「藟」。

楊

0563

9-2307 都鄉黔首毋濮人、楊人、臾人

枳

0564

8-197背 居貲枳壽陵左行 按：「枳」，地名。

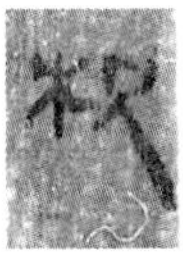

8-855 枳枸

8-910　枳　按：辭例殘缺。

8-1437正　枳枳　按：習字簡。

8-746正+8-1588正　枳鄉守糾　按：「枳」，地名。

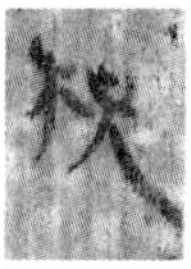

8-2254　⍁枳筞　按：辭例殘缺。

權

0565

8-109+8-386　曰受蓬鐵權☐⍁

槐

0566

8-217　嬰兒槐庳　按：「槐庳」，人名。

8-1514背　槐芈　按：「槐」，人名。

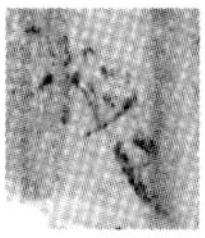

8-1663+8-1925　⍁主戶發。槐☐　按：辭例殘缺。「槐」，疑為人名。

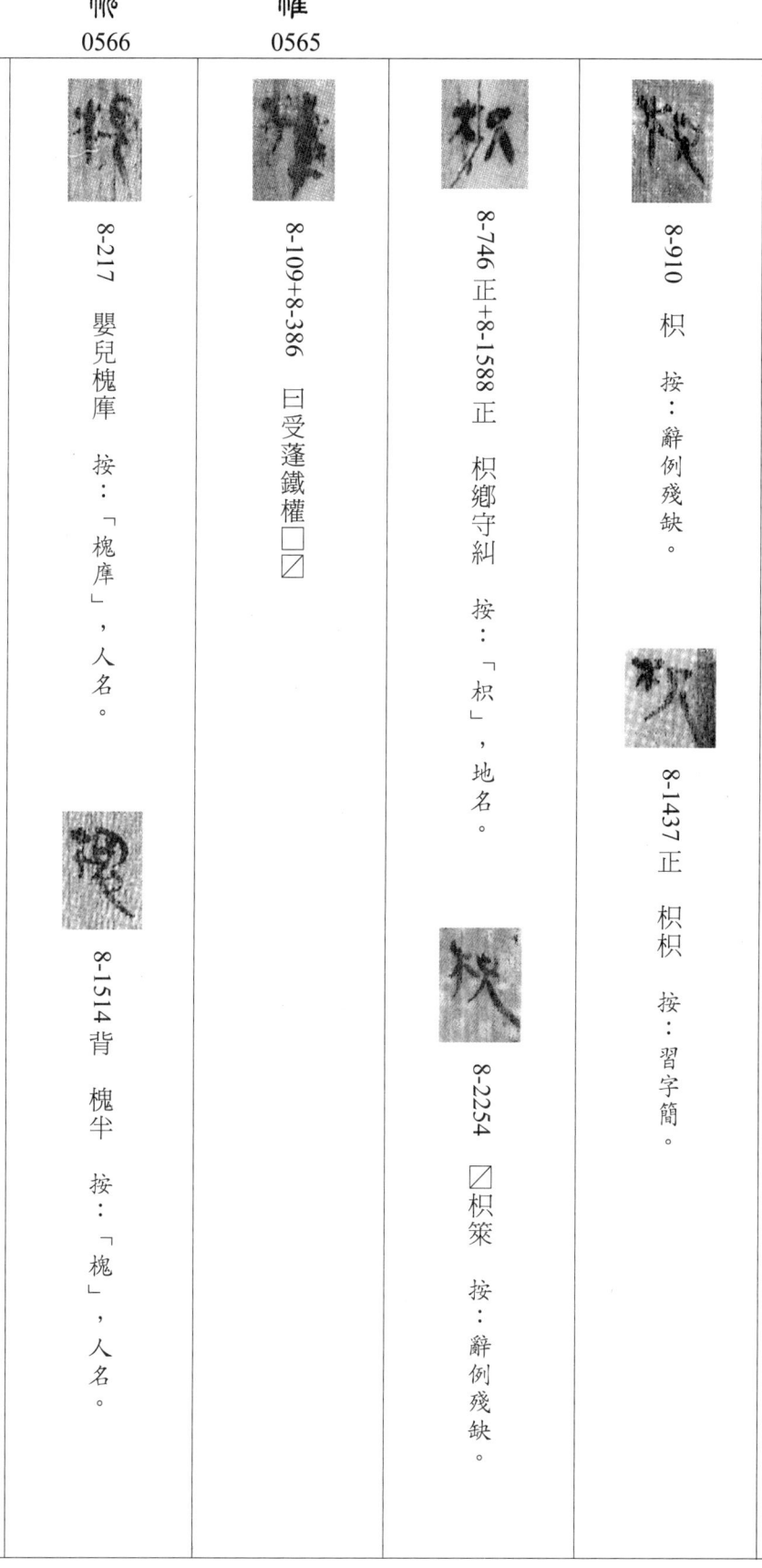

檀

0567

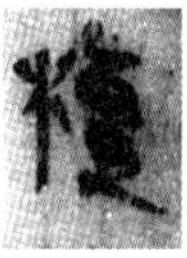
8-581　檀木

柘

0568

8-143正+8-69正+8-2161正　城父柘里士五（伍）辟　按：「柘」，地名。

梧

0569

8-376　蒼梧尉府　按：「蒼梧」，地名。

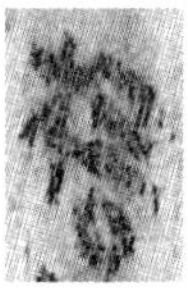
8-657正　蒼梧　按：「蒼梧」，地名。

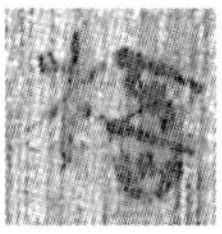
8-758　蒼梧爲郡九歲　按：「蒼梧」，地名。

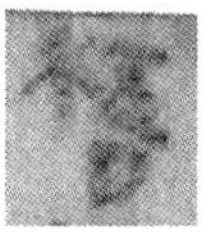
16-5a　巴南郡蒼梧　按：「蒼梧」，地名。

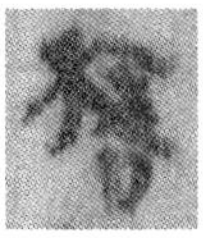
16-6a　蒼梧　按：「蒼梧」，地名。

松

0570

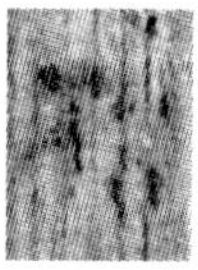

8-1574+8-1787　胸忍松塗　按：「松塗」，地名。

柏

0571

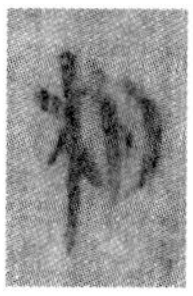

7-4a　欣敢多問呂柏得毋病　按：「呂柏」，人名。

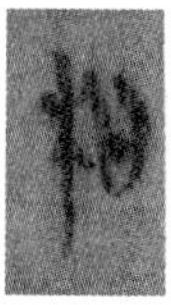

7-4b　如柏令寄芍敢謁之　按：「柏」，人名。

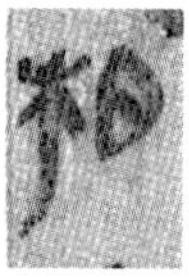

8-659正+8-2088　季丈人、柏及▨　按：「柏」，人名。

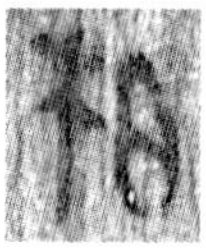

8-765正　蔓柏　按：「蔓柏」，《校釋》以為即「曼柏」，地名。

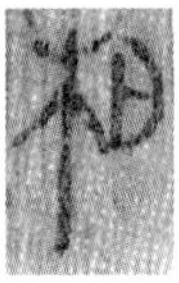

8-823正+8-1997背　柏得毋爲事綵虜　按：「柏」，人名。

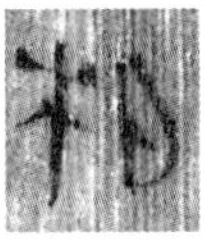

8-1478正　趙柏　按：「趙柏」，似為人名。

0572 某

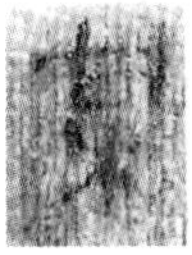

8-1451背　某敢大心多　按：書信用語。

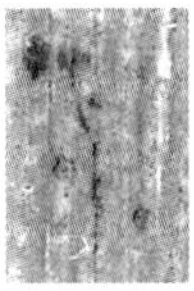

8-2049正　酉陽獄佐某□遷陵

0573 樹

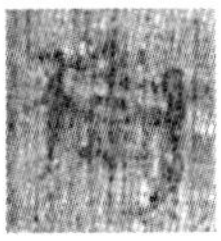

8-1527正　貳春鄉樹枝（枳）枸卅四年不實

0574 本

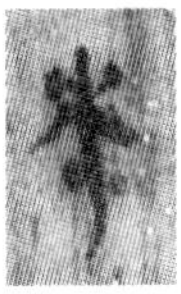

8-355　☑黔首習俗好本事不好末作

8-1230　一曰取闌本一斗　按：「本」，《釋文》未釋，《校釋》釋「本」。

朱

0575

8-34　五百朱（銖）　按：「朱」，《釋文》釋「未」，《校釋》釋「朱」。疑讀為「銖」。

8-254+8-518　八斤十一兩八朱（銖）　按：「朱」，通「銖」。

8-1515背　隸臣良朱　按：「良朱」，人名。

根

0576

8-645正　貳春鄉守根　按：「根」，《釋文》釋「梖」，《校釋》釋「根」。人名。

末

0577

8-355　☐黔首習俗好本事不好末作

8-1620　應藥燔末

果

0578

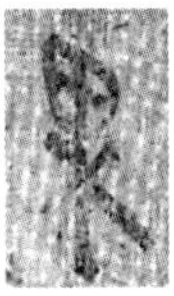

8-2520　☐今果☐　按：辭例殘缺。

枝

0579

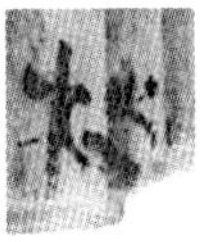

8-113　☐爲籣、枝☐　按：辭例殘缺。

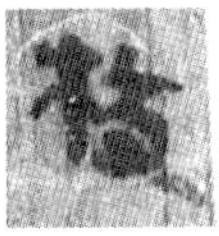

8-455 第一欄　貳春鄉枝（枳）枸志　按：「枝」，通「枳」。

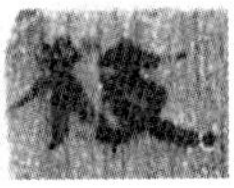

8-455 第一欄　枝（枳）枸三木　按：「枝」，通「枳」。

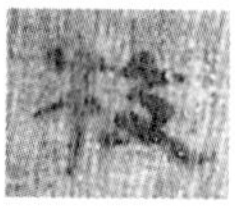

8-1527正　樹枝（枳）枸　按：「枝」，通「枳」。

枚 0580

8-124　☐尺者百廿枚

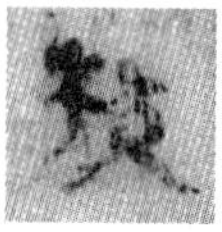

8-548　取車衡榦大八寸、袤七尺者二枚☐

8-663正第一欄　一人付司空：枚　按：「枚」，人名。

8-1996　☐五尺者廿枚

樛 0581

8-135正　司空守樛　按：「樛」，人名。

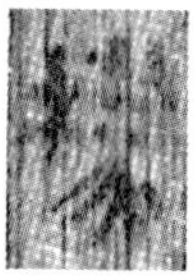

8-1943　☐鄉樛、佐筍得　按：「樛」，人名。

杕 0582

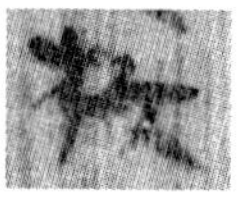

8-2247　稟人杕　按：「杕」，人名。

格 0583

8-455第二欄 格廣半畝

枯 0584

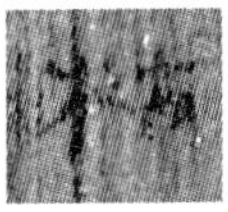

8-466 蘗陽士五（伍）枯 按：「枯」，人名。

8-1221 枯橿（薑）

8-1707 二人枯傳甄廡□賀、何 按：語義不詳。

9-728第一欄 守丞枯 按：「枯」，人名。

材 0585

8-2435正 ☒一材☒ 按：辭例殘缺。

榦 0586

8-529背 □□□弩傳榦☒ 按：語義不詳。

8-548 取車衡榦大八寸袤七尺者二枚☒

8-1831　一榦官居宜陽、新城　按：《校釋》以為「榦官」即「幹官」。

8-1831　爲其丞劾（刻）印章曰：「右榦官丞」，次「榦都嗇丞」

8-1831　爲其丞劾（刻）印章曰：「右榦官丞」，次「榦都嗇丞」

柱 0587

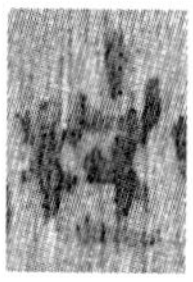

8-780 第一欄　二人取城□柱爲甄廡：賀、何

楗 0588

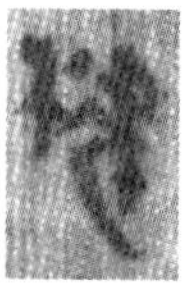

8-406　男子皇楗　按：「皇楗」，人名。

栢

0589

8-1290+8-1397　以溫酒一栢（杯）和，歓之　按：「栢」，同「杯」。

案

0590

8-155　少內謹案致之

8-224+8-412+8-1415　御史案讎更并，定爲輿地圖

8-648正　今以初爲縣卒人㾜死及傳棤書案致

8-648正　案致問治而留

8-1052第一欄　案之當出

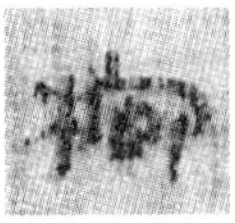

8-1564　其謹案致

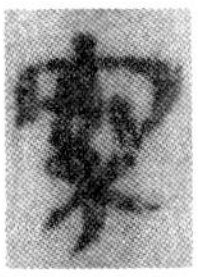

16-6a　謹案

機

0591

6-25　木具機四

榺

0592

6-25 木織榺三

杼

0593

6-25 木織杼二

椱

0594

8-1680 木織椱四

梯

0595

8-478 第五欄 木梯

棓

0596

8-623 ☐棓敢☐ 按：「棓」，《釋文》未釋，《校釋》釋「棓」，人名。

柯

0597

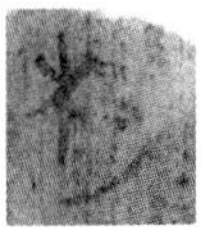

5-20　☒柯□☒　按：辭例殘缺。

8-478第一欄　☒二有柯　按：辭例殘缺。

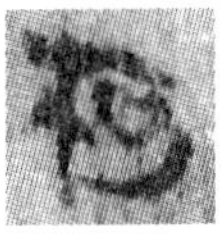

8-478第三欄　木長柯三

棱

0598

8-224+8-412+8-1415　其旁郡縣與棱（接）界者毋下二縣　按：「棱」，通「接」。

樂

0599

8-925+8-2195　樂窅、韓歐毋　按：「樂窅」，人名。

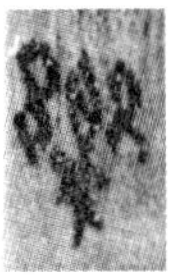

8-1286　樂陵　按：「樂陵」，地名。

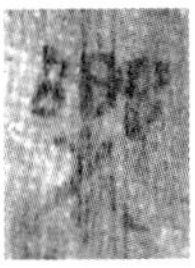

8-2026正　樂樂伯廿六加加加　按：似為習字簡。

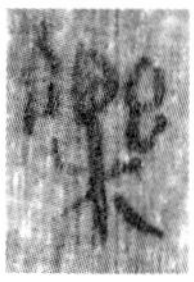

8-2026正 樂樂伯廿六加加加 按：似為習字簡。

槧

0600

9-2294a+9-2305a+8-145正第二欄 一人伐槧：強童

札

0601

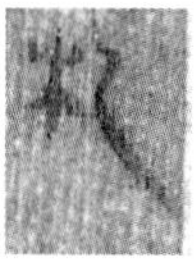

8-999 擇拾札

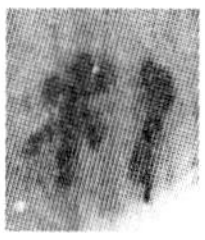

8-2450 ☒一札☒ 按：字形略殘。

橋

0602

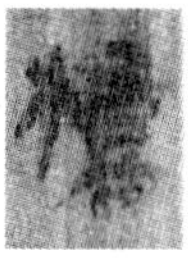

8-439+8-519+8-537+8-1899 零陽龐谿橋 按：「龐谿橋」，地名。

棱

0603

6-4 船二𣘲

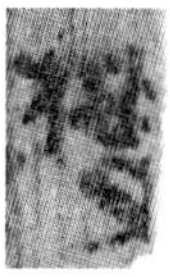

8-478第五欄 木𣘲□☒

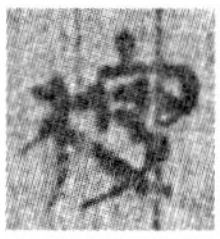

8-1510正 度用船六丈以上者四𣘲

12-849a 用船一椶

校

0604

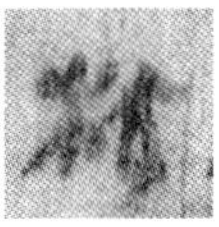
7-67+9-631第二欄 校長六人

8-64正+8-2010正 廷校

8-135正 校券一牒

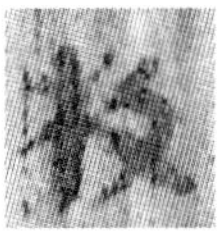
8-242 校之，充弗受

8-1565正 今上其校一牒

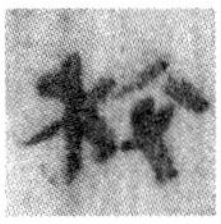
9-3a 錢校券

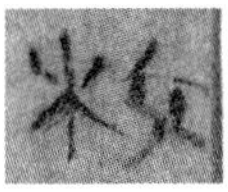
9-1112a 唐亭段（假）校長壯

采

0605

8-454第二欄 采鐵

8-454第三欄 采金

8-1463正 往采，至今不來☐

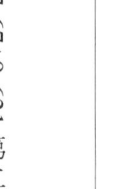

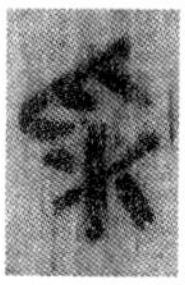

9-11a 士五（伍）枀 按：「枀」，人名。

12-3 枀錫

橫

0606

8-1226 橫手 按：「橫」，人名。

8-1069背+8-1434背+8-1520背 橫手 按：「橫」，人名。

8-1069背+8-1520背+8-1520背 佐橫以來 按：「橫」，人名。

8-2481 橫手 按：「橫」，人名。

梜

0607

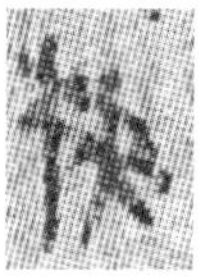

9-2294a+9-2305a+8-145正第六欄 三人治枲：梜、茲、緣 按：「梜」，人名。

槎

0608

8-355 其習俗槎田歲更，以異中縣

析

0609

8-876 草蔡長一尺□□三析□□病者心上

8-1221 析蓂實

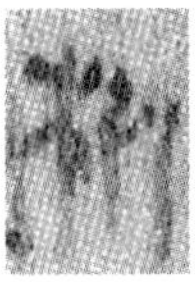

8-1664第四欄 析 按：此行僅此一字。

枼

0610

9-2294a+9-2305a+8-145正第四欄 四人徒養：枼、痤、帶、復 按：「枼」，人名。

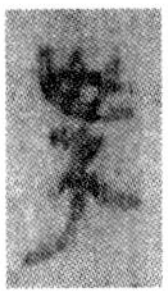

16-9a 告都鄉曰啓陵鄉未有枼（牒） 按：「枼」，《博物館校訂》讀為「牒」。

休

0611

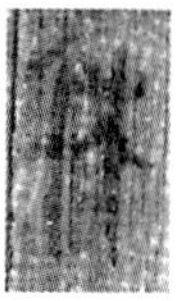

8-737正　☑□休☑　按：辭例殘缺。

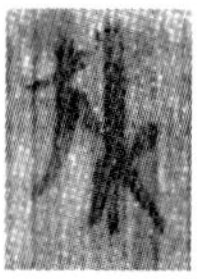

8-1626　休署書一封　按：「休」，《釋文》未釋，《校釋》釋「休」。似為人名。

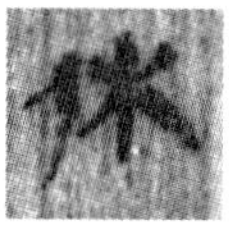

8-2030正　☑□援歸休，未來

槥

0612

8-648正　今以初爲縣卒癘死及傳槥書案致

8-1394　☑死，槥未到家

楬

0613

8-92第二欄　楬☑　按：此行僅一字。

枚

0614

6-32+6-36 ☐□賁枚廿五年書有物☐ 按：「枚」，學者或以為人名。

林

0615

8-1243 冶林（術） 按：「林」，《釋文》釋「椂」，《校釋》釋「林」，讀為「術」。

栮

0616

8-1562正 操栮〈楫〉 按：「栮」，《校釋》以為「楫」之誤字。

榬

0617

12-10a 遷陵拔訊榬蠻、衾☐

樺

0618

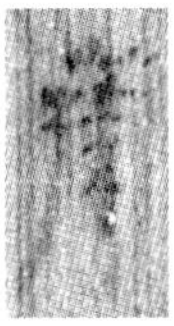

8-1041+8-1043 都鄉守樺 按：「樺」，人名。

東

0619

5-22　獄東曹書一封

8-161+8-307　蘩陽東鄉　按：「東鄉」，地名。

8-273+8-520　獄東曹

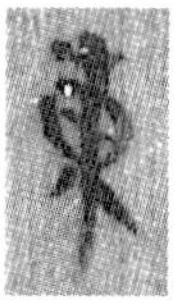

8-959+8-1291　獄東曹

9-2064　東成戶人士五（伍）夫　按：「東成」，地名。

10-1157　東成大夫　按：「東成」，地名。

林

0620

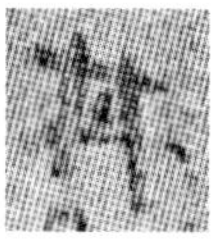

9-2294a+9-2305a+8-145正第五欄　林、嬈、粲、鮮　按：「林」，人名。

𣞤

0621

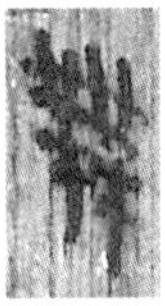

5-22　詣𣞤（無）陽　按：「無陽」，地名。

8-126　小妾𣞤（無）蒙　按：「無蒙」，人名。

8-143正+8-69正+8-2161正　葢侍食羸病馬𣞤（無）小　按：「無小」，馬名。

8-143正+8-69正+8-2161正　病者𣞤（無）小　按：「無小」，馬名。

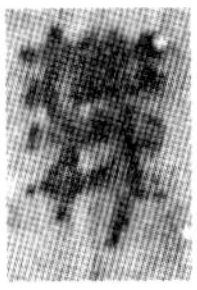

8-1555正　𣞤（無）陽　按：「無陽」，地名。

里耶秦簡文字編・卷六下

0622 桑

8-140正　士五（伍）桑唐趙　按：「桑唐」，地名。

9-14a　桑地

9-14a　桑田

0623 之

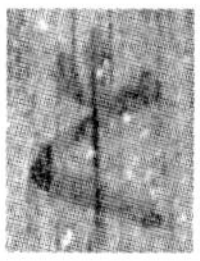

5-1正　敢言之

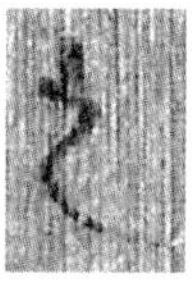

6-7　敢言之

7-4b　敢謁之

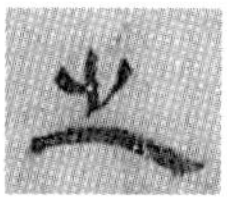

8-62正　問之

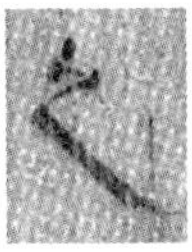
8-547+8-1068 敢言之

9-3a 敢言之

10-1546 敢言之

11-34 敢言之

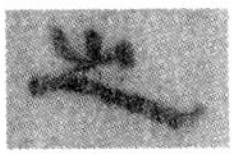
12-10b 鞫之

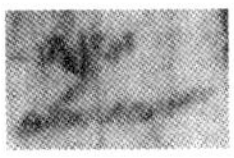
16-6a 傳之

出

0624

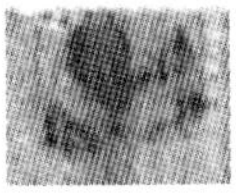
8-151 出弩臂三輸臨沅

8-409 出錢二千六百八十八☐

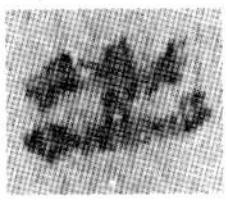
8-254+8-518 當出繭十斤八兩

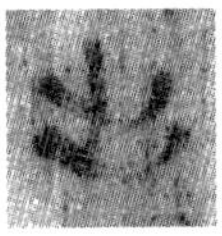
8-102+8-597 出錢千三百一十三

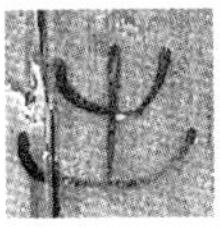
8-776 禾稼出入券

14-698 出祠先農餘徹酒一斗半

賣

0625

8-102+8-597　賣牛及筋

8-490+8-501第一欄　徒隸牲畜死負、剝賣課

8-771正　賣二斗

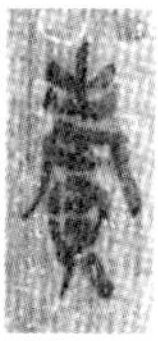

8-907+8-923+8-1422　出賣祠窨餘徹酒

9-1976　虎肉二斗賣于更

14-300+14-764　賣于城旦赫

南

0626

8-228　南郡　按：「南郡」，地名。

8-376　南鄭　按：「南鄭」，地名。

8-772正　南郡泰守　按：「南郡」，地名。

8-1014　南就　按：「南就」，地名。

8-1164　☒南昌☒　按：「南昌」，《校釋》疑為地名。

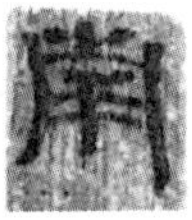

8-1182　南里　按：「南里」，地名。

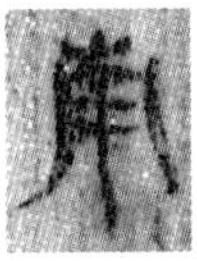

8-1886　獄南曹書三封

9-14a　南里　按：「南里」，地名。

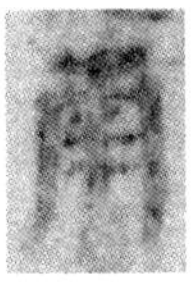

16-5a　南郡　按：「南郡」，地名。

產

0627

8-495第二欄　作務產錢課

8-534　不智（知）死產、存所

8-894　不智（知）衣服、死產、在所☒

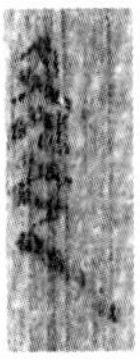

8-1020　產手　按：「產」，人名。

9-757　成里產長七尺四寸　按：「產」，人名。

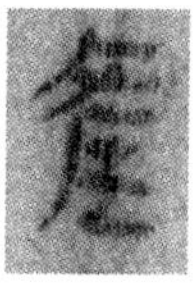

16-9a　初產

華

0628

8-433　令佐華　按：「華」，人名。

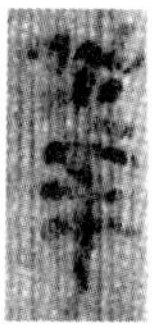

8-820　華手　按：「華」，人名。

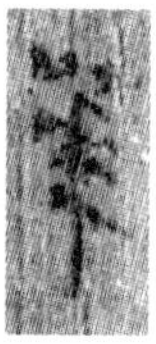

8-984　令史華　按：「華」，人名。

8-1454正+8-1629　華手　按：「華」，人名。

8-2014正　士五（伍）居桼（貲）中華里　按：「華里」，地名。

K49第二欄　隸大女子華　按：「華」，人名。

稽

0629

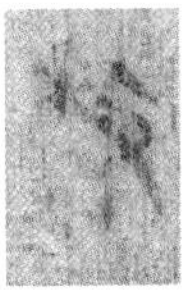

9-38　以故事稽留

桼

0630

8-454 第一欄　桼課　按：「桼」，《釋文》釋「求」，《校釋》釋「桼」。

8-529 正　灑桼用白布六尺

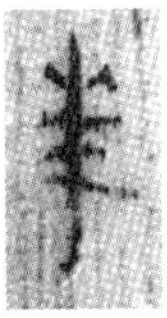

8-1900　用和桼六斗八升

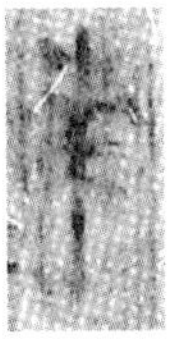

8-1900　水桼九斗九升

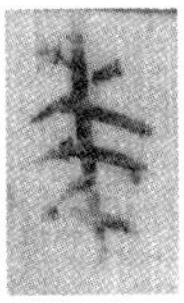

9-1138　桼三升

髼

0631

8-383+8-484　髼園課

8-488 第二欄　髼計

束

0632

8-614　☐髼☐　按：辭例殘缺。

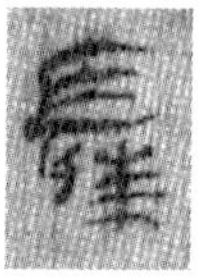

8-1548　貳春鄉主髼發

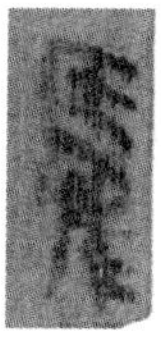

9-1138　受其貳春鄉髼☐

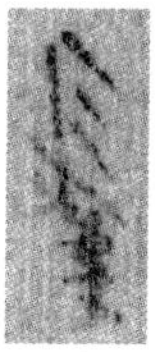

16-1105　☐受孱陵髼園☐

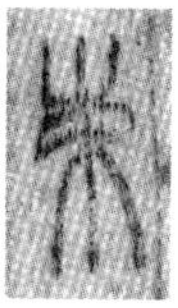

8-282+8-306　五月己事束☐

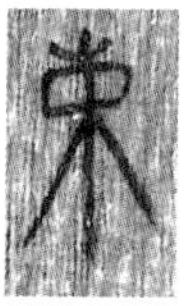

8-1242正　鼠劵束

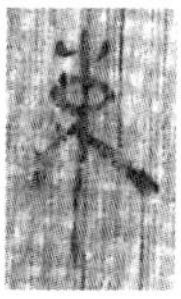

8-1556正　史象已訊獄束十六

8-1728　卒束☐　按：辭例殘缺。

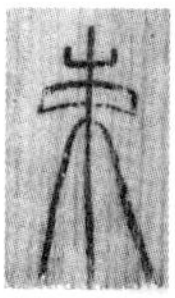

8-204背+8-1842　☐請須報束　按：辭例殘缺。

橐

0633

9-2294a+9-2305a+8-145正第六欄　五人墼：婢、般、橐、南、儋　按：「橐」，人名。

8-2260+12-1786　〼□告尉主、尉橐〼　按：「橐」，人名。

圜

0634

8-1863+8-1866正　簪子大男□，爲人圜面

圖

0635

8-224+8-412+8-1415　輿地圖

8-543+8-667正　〼圖西水〼　按：辭例殘缺。

8-607　〼章圖笘　按：「圖」，《釋文》釋「图」，《校釋》釋「圖」。辭例殘缺。

8-224+8-412+8-1415　操圖詣御史

園

0636

9-2294a+9-2305a+8-145正第六欄　一人作園：夕

8-454第二欄　園栗

8-454第三欄　園課

8-1636　二人治徒園

8-2101第一欄　☐人守園：壹孫☐

9-2294a+9-2305a+8-145正第一欄　二人作園：平、□

因

0637

8-904+8-1343　因之

8-1876　☐瘳行書遷陵因☐　按：辭例殘缺。

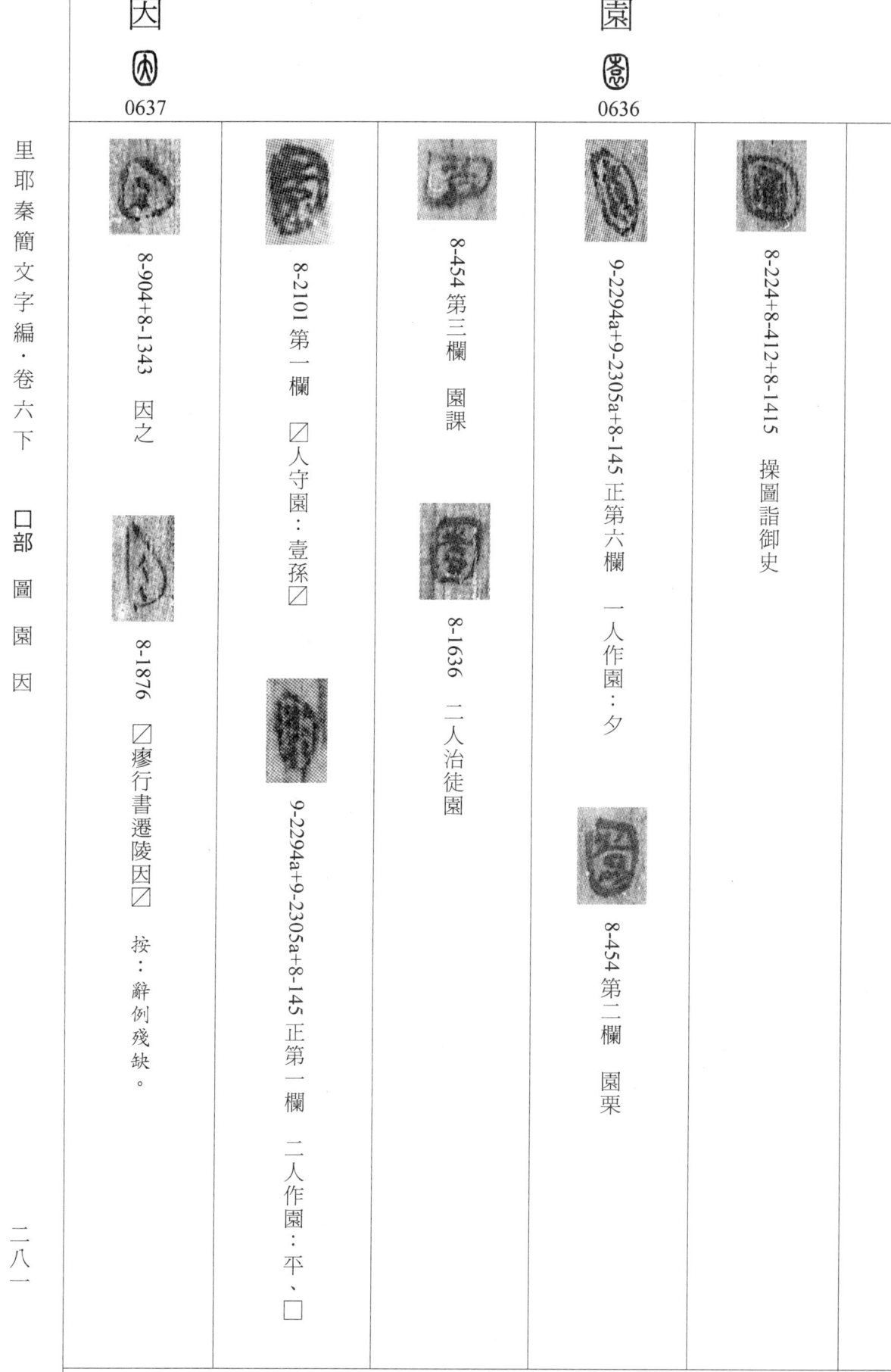

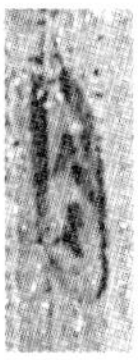

8-1878　□丁壯者四人因適□☐

囚

0638

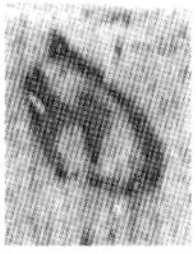

8-28　囚銜六石七斗未靡☐

8-141正+8-668正　或一人獨訊囚

8-663正第二欄　二人司寇守：囚、㛮　按：「囚」，人名。

8-1118　囚缺吏見一人

8-1783+8-1852　發弩囚吾一甲　按：「囚」，人名。

8-2137　☐守囚文同□☐

固

0639

5-1正　遷陵守丞固　按：「固」，人名。

圂

0640

5-23　□印，一泰守府，一成固　按：「成固」，地名。

8-209正　成固　按：「成固」，地名。

8-445　朐忍固陽　按：「固陽」，地名。

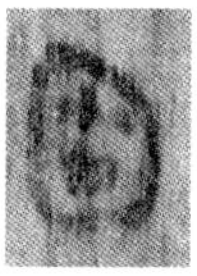

9-728第一欄　守丞固　按：「固」，人名。

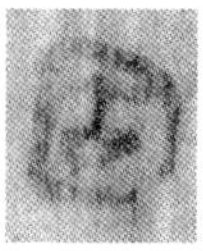

12-1784a　固各有數

8-78正　遷陵陽里士五（伍）慶、圂☐　按：「圂」，人名。

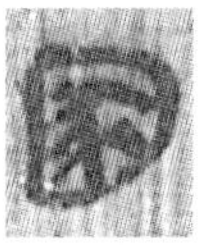

8-154背　圂手　按：「圂」，人名。

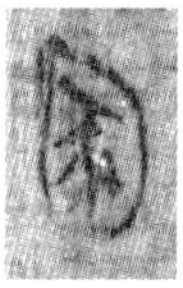

8-221　圂發　按：「圂」，人名。

8-880 令史圂 按：「圂」，人名。

8-904+8-1343 圂手 按：「圂」，人名。

9-2294a+9-2305a+8-145正第一欄 司空守圂 按：「圂」，人名。

㘝

0641

8-654背+8-658背 ☐㘝狀☐ 按：辭例殘缺。

員

0642

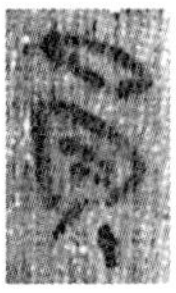

8-986 遷陵隸臣員不備十五人

8-1136 員凡四萬

8-1615 員三萬

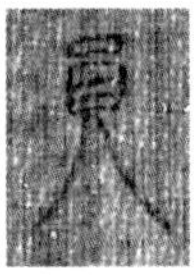

8-2027背 員吏

8-2273 ☐課行道中員不☐ 按：辭例殘缺。

貝

0643

7-67+9-631第一欄　吏員

10-4第一欄　貳春鄉畜員

8-767背　貝手　按：「貝」，人名。

8-1562背　貝手　按：「貝」，人名。

8-1562背　貝手　按：「貝」，人名。

財

0644

8-1721　錢財

資

0645

8-269第一欄　資中令史陽里釦　按：「資中」，地名。

8-429　資中　按：「資中」，地名。

賢
0646

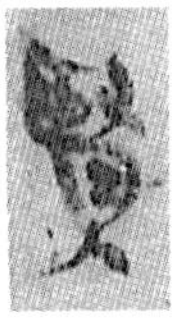

8-133背　走賢　按：「賢」，人名。

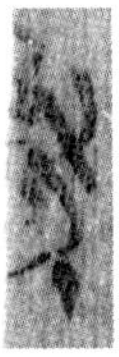

8-806　守府賢　按：「賢」，人名。

8-2210　曰申、曰賢　按：「賢」，人名。

賀
0647

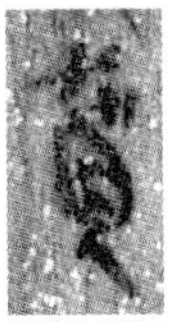

5-1正　士吏賀　按：「賀」，人名。

8-82　☐☐賀輸羽☐　按：「賀」，人名。

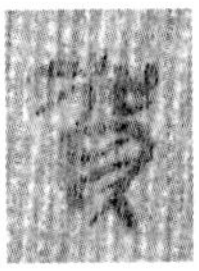

8-780第一欄　二人取城☐柱爲甄廡：賀、何　按：「賀」，人名。

8-1259正 二人病：賀、滑 按：「賀」，人名。

8-1707 二人枯傳甄廡□：賀、何 按：「賀」，人名。

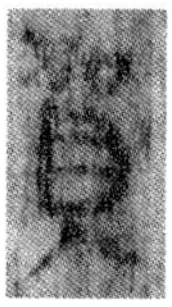

9-728第一欄 令佐賀 按：「賀」，人名。

賫

0648

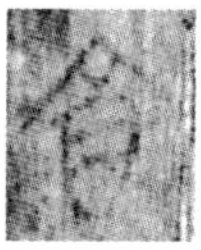

5-33正 賫□□酉賫□□賫□ 按：辭例殘缺。

5-33正 賫□□酉賫□□賫□ 按：辭例殘缺。

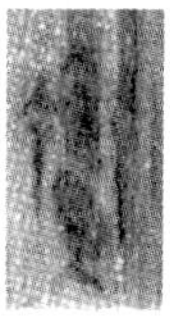

5-1正 雨留不能決宿賫

8-98+8-546+8-1168 ☐計者行賫☐ 按：「賫」，字形下部略殘。

8-1517正 雨留不能投宿賫

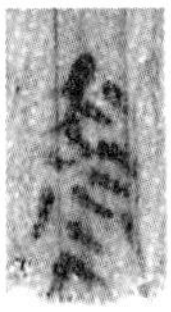

8-1681 ☐□唐道與賫☐ 按：「賫」，字形下部略殘。

貸 0649

8-481第一欄 貸計

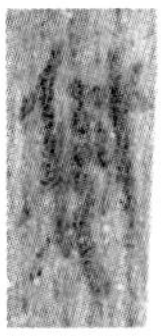

8-1000 出貸

8-1029 啓陵鄉守狐出貸適戍□☐

8-1563正 洞庭尉遣巫居貸公卒安成徐署遷陵

貣 0650

8-761 出貣

8-781+8-1102 出貣

8-1505 ☐貣更戍☐

贛

0651

8-1563正　謁令倉貣食

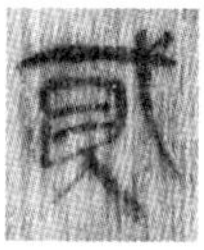

8-2037正　吏貣當展約

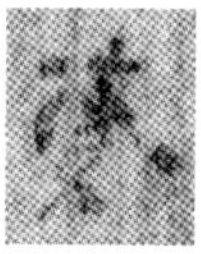

9-2352a　居貣

8-459　▨死敢告贛即與▨　按：「贛」，《釋文》未釋，《校釋》釋「贛」。人名。

8-529正　贛弩用白布丈七尺

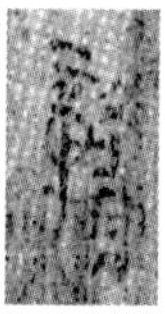

8-653背　贛手　按：「贛」，人名。

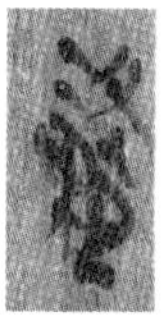

8-1050　▨□□受將粟佐贛　按：「贛」，人名。

8-1525正　令佐贛　按：「贛」，人名。

8-659正+8-2088　七月壬辰，贛敢大心再捧　按：「贛」，人名。

賞

0652

8-1883　☑卅四□月中未賞敢寄爲

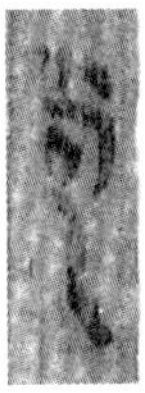

8-2095　遷陵購賞□□□☑　按：「賞」，字形左側殘缺。語義不詳。

賜

0653

7-4a　柏幸賜欣一牘

8-227+8-598+8-624　☑柏所幸賜文黑得□☑

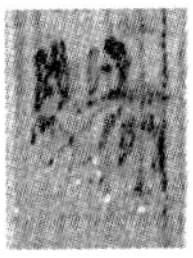

8-987　賜信符

8-1222　小男子賜　按：「賜」，人名。

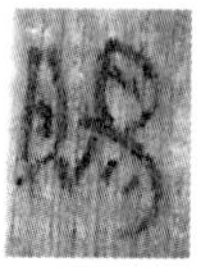

8-225+8-302+8-1339+8-1786　天雨血，賜有病身疾

8-2203　☐上里士五（伍）賜　按：「賜」，人名。

贏

0654

8-533第一欄　贏城旦　按：「贏」，人名。

8-584　器贏及不備☐

8-2042　☐□□多贏　按：「贏」，字形右側殘缺。

賴

0655

8-2495　☐賴☐　按：辭例殘缺。

負

0656

8-63正 分負各十五石少半斗

8-490+8-501第一欄 徒隸牲畜死負，剝賣課

8-780 三人負土

8-785 少內段、佐卻分負各二百卌五

8-2274 ⧄☐貲贖責沒負賫⧄

16-2 負童分錢卌八

貳

0657

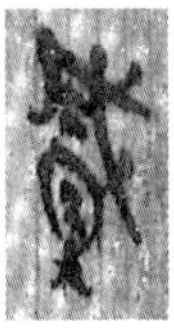

8-92第一欄 閬水原貳山 按：「貳山」，似為地名。

8-163正 司空佐貳今爲廄佐 按：「貳」，人名。

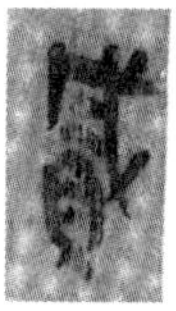

8-673正+8-2002正　貳春　按：「貳春」，地名。

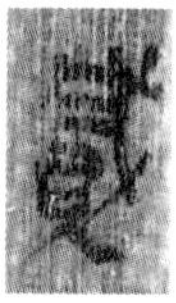

8-1114+8-1150　貳春亭　按：「貳春」，地名。

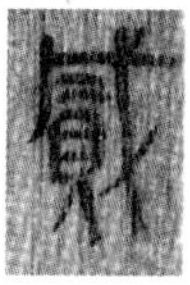

8-1147　貳春鄉　按：「貳春」，地名。

8-1858　貳春鄉　按：「貳春」，地名。

12-849a　貳春鄉　按：「貳春」，地名。

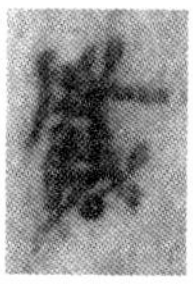

16-6b　貳春　按：「貳春」，地名。

賓

0658

8-461正第二欄　毋曰客舍曰賓飤

贅

0659

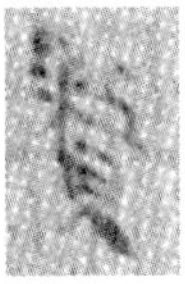

8-1743背+8-2015背　開、起贅、平私　按：「起贅」，人名。

質

0660

8-488第一欄　租質計

8-138正+8-174正+8-522正+8-523正　各自署廟所質日

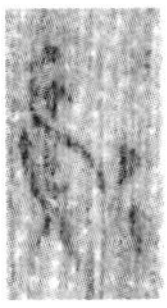

8-1499背　☐租質質質　按：似為習字簡。

8-1499背　☐租質質質　按：似為習字簡。

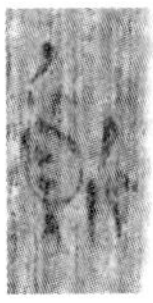

8-1499背　☐租質質質　按：似為習字簡。

贖

0661

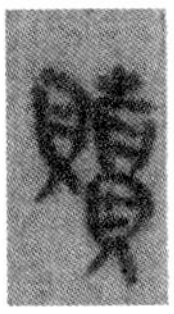

7-304a　居貲贖責（債）

8-284　居貲贖責（債）薄（簿）

8-775+8-884　贖罪

8-1061　▨□居贖士五（伍）一　按：「贖」，《釋文》釋「貲」，《校釋》釋「贖」。

8-1068　▨其贖前書

16-6a　居貲贖責（債）

費

0662

8-657正　琅邪守固留費

責

0663

8-135正　爲責券移遷陵，弗□□屬

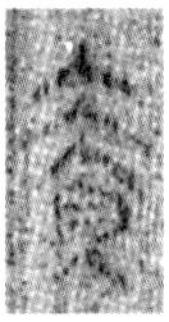
8-284　居貲贖責（債）薄　按：「責」，同「債」。

8-454第三欄　貲贖責（債）

8-787+8-1327　居責（債）

7-304a　居貲贖責（債）

9-3a　訾責（債）其家

賈

0664

8-466　取（娶）賈人子爲妻

8-683正　⧄□獄史賈　按：「賈」，人名。

8-1047　令、丞各自爲比有糴別及以平賈

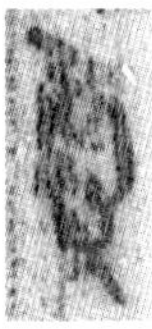
8-1668　故賈爲贖取之

販

0665

16-223 ☐賈里爲縣將采赤金 按：語義不詳。

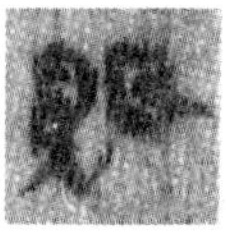

8-393 成士五（伍）販☐ 按：「販」，人名。

8-1800 喜、成、典、販皆☐ 按：「販」，人名。

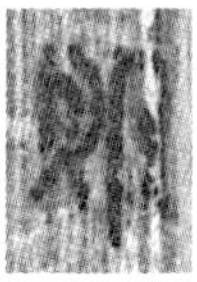

8-2031正 ☐□販食舍 按：語義不詳。

買

0666

6-7 爲徒隸買衣

8-154正 買徒隸數

8-454第三欄 縣官有買用錢

8-664正+8-1053正+8-2167正　以朔日上所買徒隸數守府

8-834+8-1604　卅五年新買大奴曰齊☑

9-1408　買徒隸用錢三萬三千

賤

0667

8-100.1　賤走骨☑

賦

0668

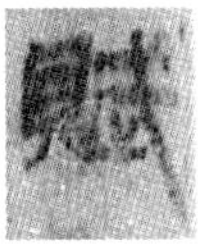
8-254+8-518　當出戶賦者志

8-594　賦下田官，久矣

8-1199　☑□當出錢賦者令皆□☑

8-1735　羽賦二千五百☑

8-2179 來賦不當環（還）☐

9-2159 洞庭郡賦遷陵

貧

0669

8-60正+8-656正+8-665正+8-748正 貧弗能入

9-3a 家貧弗能入

9-7a 家貧

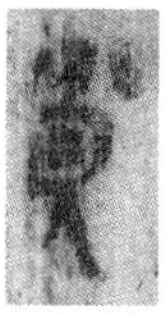

9-10a 家貧

9-11a 家貧

購

0670

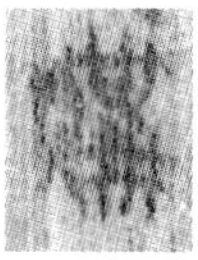

8-992 購隸臣于捕戍卒不從☐

8-1008+8-1461正+8-1532 次豎購當出畀華 按：「豎」、「華」，人名。

貲

貲

0671

8-1008+8-1461正+8-1532　購千百五十二

8-811+8-1572　少內沈出以購吏養城父士五（伍）得

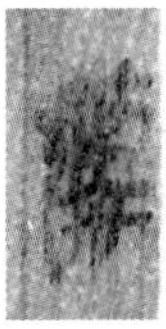

8-2095　遷陵購賞□□□▨

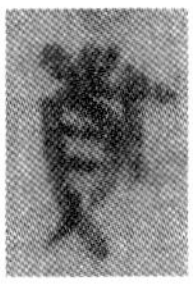

7-304a　首居貲贖責（債）

8-11　貲一甲

8-60正+8-656+8-665+8-748　貲三甲

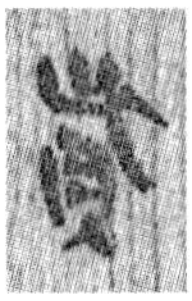

8-1083　娶（取）貲錢

8-2500　▨□見計貲七▨

9-3a　貲餘錢

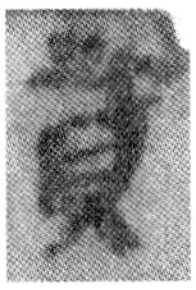

16-6a　居貲贖責（債）

邑

0672

8-753正　▨邑旁邑邑　按：似為習字簡。

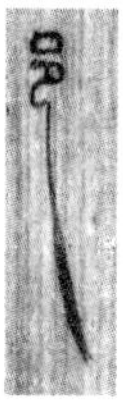

8-753正　▨邑旁邑邑　按：似為習字簡。

8-882　沂陽守泥邑里士五（伍）　按：習字簡。

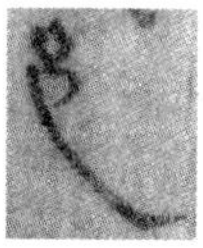

12-10b　城邑

14-831b　城邑

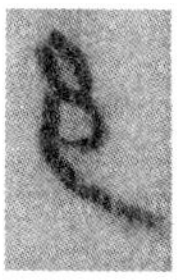

16-2　平邑鄉　按：「平邑」，地名。

邦

0673

8-461正第二欄　邦司馬爲郡司馬

8-657正　敢告內史、屬邦、郡守主

8-773正　邦司空

8-2342　☐□邦得　按：辭例殘缺。

郡

0674

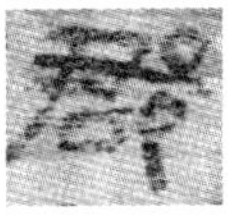
8-461正第二欄　郡邦尉爲郡尉

8-469　洞庭郡

8-997　郡縣

8-1149　洞庭郡

9-3a　洞庭郡

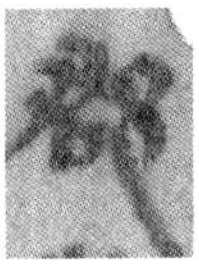
16-6a　南郡

都

0675

6-8　成都　按：「成都」，地名。

8-6　都鄉

8-38　☐陳亭、成都亭，獨☐　按：「成都」，地名。

8-60正+8-656正+8-665正+8-748正　都府守

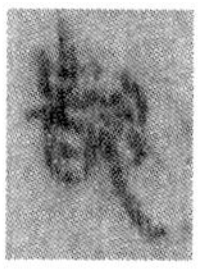

9-2307　都鄉

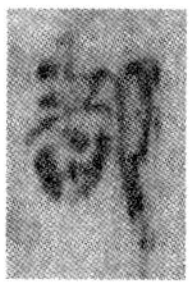

16-6b　都鄉

邸

0676

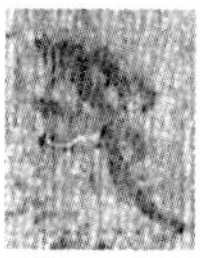

8-904+8-1343　治邸代處

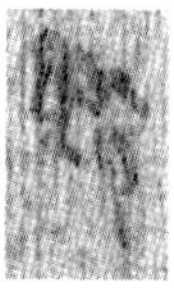

8-904+8-1343　治邸

郵

0677

6-2　遷陵以郵行洞庭

8-90　☐遷陵以郵利足行洞庭

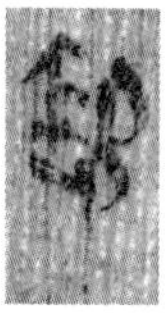

8-767背　郵人

8-1147　貳春鄉以郵行

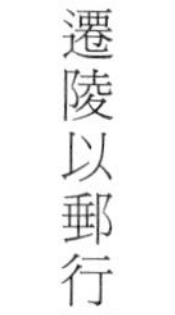

9-24　遷陵以郵行洞庭

9-739　督郵

郁

0678

8-1277　郁郅　按：「郁郅」，地名。

鄭

0679

8-376　南鄭　按：「南鄭」，地名。

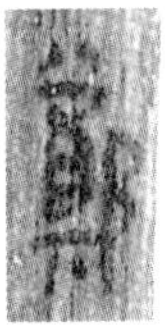

8-850　鄭得　按：「鄭得」，人名。

部

0680

8-269第一欄　爲田部史四歲三月十一日

8-573　☐□部盜☐　按：辭例殘缺。

8-297+8-1600　貲鄉部官嗇夫

16-5a　各謹案所部縣卒、徒隸

16-6a　各謹案所部縣卒、徒隸

邯

0681

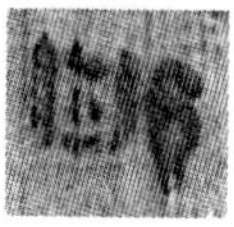

8-894　邯鄲　按：「邯鄲」，地名。

鄲

0682

8-894　邯鄲　按：「邯鄲」，地名。

郅

0683

8-1277　郁郅　按：「郁郅」，地名。

鄿

0684

8-75正+8-166正+8-485正　以付鄿少內金錢計　按：「鄿」，地名。

8-75背+8-166背+8-485背　鄿丞　按：「鄿」，地名。

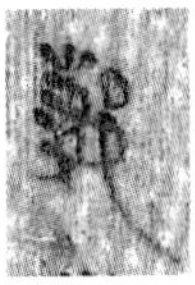

8-1023　鄴少內　按：「鄴」，地名。

鄧

0685

8-136正+8-144正　遷陵隸臣鄧　按：「鄧」，人名。

鄢

0686

8-807　鄢江里孱□▨　按：「鄢」，地名。

16-52第二欄　鄢到銷百八十四里　按：「鄢」，地名。

郫

0687

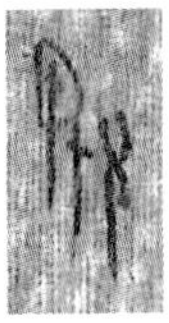

8-1025　郫士五（伍）小莫郄▨　按：「郫」，地名。

8-1309 ☐郫☐ 按：辭例殘缺。

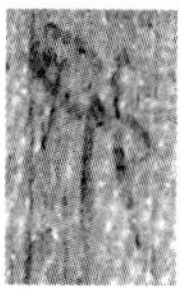
8-1364 尉史士五（伍）郫小莫訾般 按：「郫」，地名。

邛

0688

8-645背 九月辛亥旦史邛以來 按：「邛」，人名。

8-1515背 邛手 按：「邛」，人名。

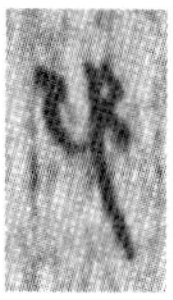
8-1628背 邛手 按：「邛」，人名。

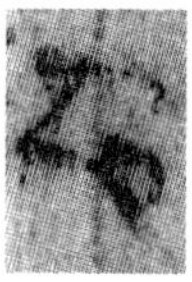
8-2121+8-2149 今問之：邛上造☐ 按：「邛」，人名。

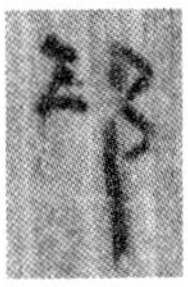

12-2301 佐臨邛公卒奇里呂吾 按：「臨邛」，似為地名。

鄣

0689

9-1112b 尉下亭鄣 按：「鄣」，人名。

邪

0690

8-647正 莫邪 按：「莫邪」，人名。

8-647正 莫邪 按：「莫邪」，人名。

8-657正 琅邪 按：「琅邪」，地名。

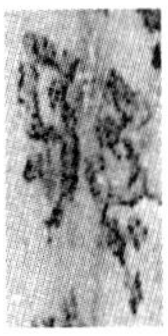

8-657正 琅邪 按：「琅邪」，地名。

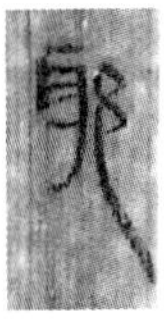

8-2129 ☐狼（琅）邪 按：「琅邪」，地名。

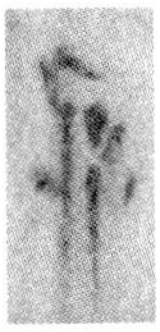

16-5b 邪手 按：「邪」，人名。

郭

0691

8-220　▨□罪郭、臣當▨　按：「郭」，《釋文》未釋，《校釋》釋「郭」。語義不詳。

郘

0692

7-304b　司空長史郘　按：「郘」，人名。

8-60背+8-656背+8-665背+8-748背　僰道郘敢告遷陵丞主　按：「郘」，人名。

8-781+8-1102　郘手　按：「郘」，人名。

8-781+8-1102　佐郘　按：「郘」，人名。

8-1406　佐郘　按：「郘」，人名。

郙

0693

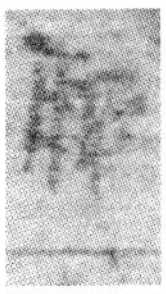

9-2287a　四月己巳宿夷郙亭　按：「夷郙亭」，地名。

酈

0694

8-316　酈□☒　按：辭例殘缺。

8-1233+8-1512　少內沈付酈☒　按：「酈」，《校釋》疑為地名。

郀

0695

8-1025　郫士五（伍）小莫郀☒　按：「小莫郀」，《校釋》疑為地名。

8-1364　尉史士五（伍）郫小莫郀般　按：「小莫郀」，《校釋》疑為地名。

郣

0696

8-761　醴陽同郣　按：「郣」，《釋文》釋「郣」，《校釋》未釋。地名。

鄐

0697

8-17128-1811　☐病有鄐癰　按：辭例殘缺。

鄉

0698

8-6　都鄉

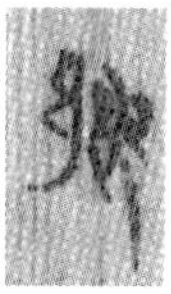

8-157正　啓陵鄉

8-198正+8-213正+8-2013正　鄉官

8-269第一欄　爲鄉史九歲一日

8-1548　貳春鄉

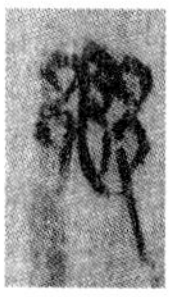

9-14a　貳春鄉

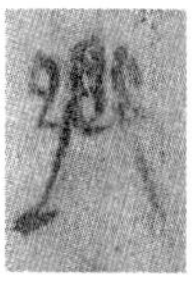

12-1178　鄉官

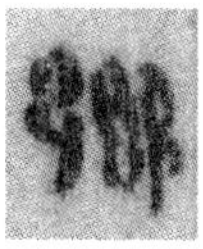

16-2　平邑鄉

日

0699

里耶秦簡文字編·卷七上

5-10　☒以爲戉（攻）具，箸（書）至日□☒

8-197正　佐均史佐日有泰牴已備歸

8-498+8-2037背　二斗八十分日五十一

8-2106　☒遷陵有以令除冗佐日備者爲☒

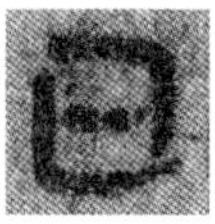

9-7b　朔日

16-6a　令人日夜端行

時 0700

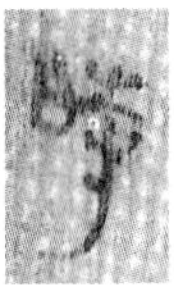

8-24　☐☐四時志會☐☐

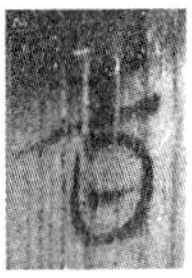

8-710背　☐時☐　按：《釋文》未釋，《校釋》釋「時」。

8-890+8-1583　日中時

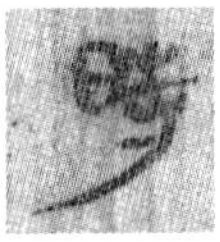

8-1886　旦食時

12-1784a　書到時

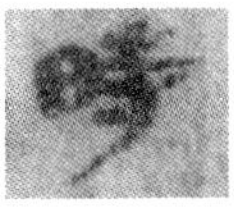

16-6a　田時

昭 0701

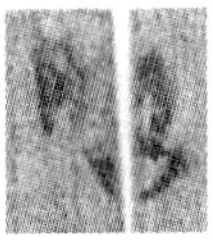

8-1510背　昭行　按：「昭」，人名。

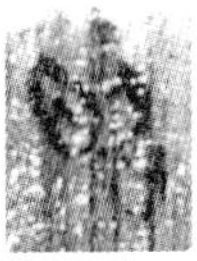

8-2028背　昭行☐☐　按：「昭」，似為人名。

昌 0702

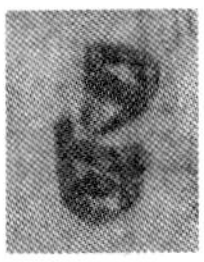

7-304b　丞昌　按：「昌」，人名。

8-71正　遷陵丞昌　按：「昌」，人名。

曓

0703

8-135正　昌官　按：「昌官」，人名。

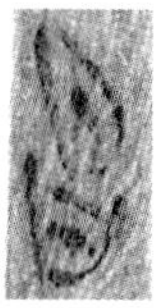

8-1164　☐南昌☐　按：「南昌」，地名。

8-1345+8-2245　遷陵丞昌　按：「昌」，人名。

16-2　佐昌　按：「昌」，人名。

8-149+8-489第三欄　更戍曓贖耐　按：「曓」，人名。

8-1221　病曓心痛灼灼者

8-1243　治術，曓（曝）若有所燥，治　按：「曓」，同「曝」。

9-2352a　曓詔谿　按：「曓詔谿」，地名。

昆

0704

16-3　昆陽邑　按：「昆陽」，地名。

曆

0705

8-483 第二欄　黔首曆課　按：「曆」，《釋文》釋「暦」，《校釋》釋「曆」，疑訓為「數」。

旦

0706

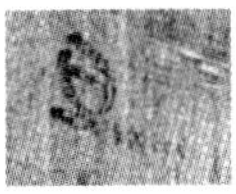

8-63 背　十月辛卯旦

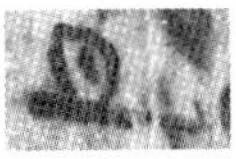

8-141 背+8-668 背　十一月丙子旦食

8-461 正第一欄　故旦今更如此旦

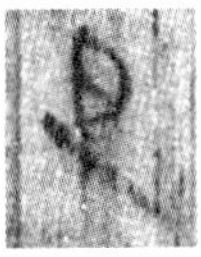

8-577　☐皆旦日相與會☐☐

9-739　五月庚寅旦

16-6a　城旦舂

翰

0707

8-136背+8-144背　朝半　按：「朝」，人名。

8-210　佐朝　按：「朝」，人名。

8-647背　朝半　按：「朝」，人名。

8-657背　朝半　按：「朝」，人名。

8-1583　令佐朝　按：「朝」，人名。

9-984b　朝半　按：「朝」，人名。

旌

0708

8-26+8-752正　旌弦一

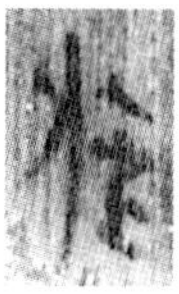

8-1031　令史旌　按：「旌」，人名。

8-1066　☑稟令史□、德、繞、旌、尙　按：「旌」，人名。

游 0709

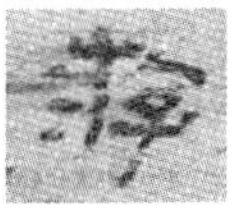

8-461正第二欄　帝子游曰皇帝

8-461正第二欄　王游曰皇帝游

8-461正第二欄　王游曰皇帝游

族 0710

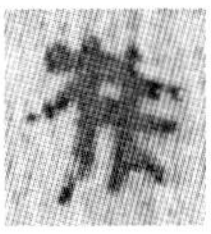

8-1555正第一欄　族王氏

9-757　年卅一歲，族☐　按：辭例殘缺。

旂 0711

8-1194+8-1608　田官旂　按：「旂」，人名。

曑 0712

8-141正+8-668正　不參不便　按：「参」，字形與《説文》或體同。

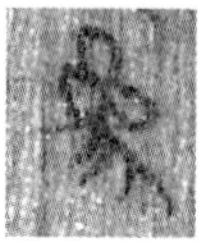
8-771正 呂柏取五斗一參 按：「參」，三分之一。

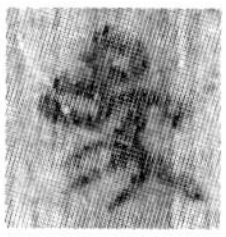
8-913 枲參絇緘袤三丈四

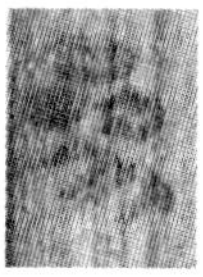
8-1086 枲參絇緘袤三丈☐

8-1188 參絇枲緘一☐

14-638 報參川都水簿 按：「參川」，地名。

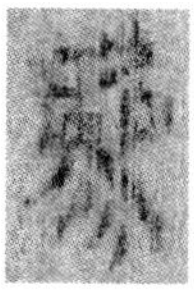
12-2130a 第六欄 二參而六

月

0713

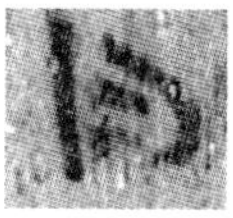
5-1正 七月

8-60正+8-656正+8-665正+8-748正 十二月戊寅

8-179正 三月丙寅

8-214 正月

9-3a 卅三年三月

12-849a 六月

朔

0714

8-63正 廿六年三月壬午朔

8-673正+8-2002正 七月戊子朔

8-1563正 廿八年七月戊戌朔

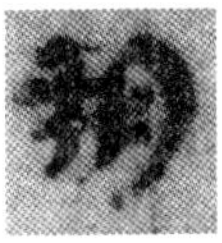
9-3a 卅三年三月辛未朔

9-7b 八月癸巳朔

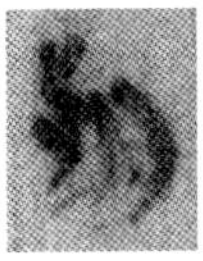
16-6a 二月丙子朔

期

0715

5-1正 當騰期卅日

8-138正+8-174正+8-522正+8-523正 失期

8-496　▨倉曹期▨

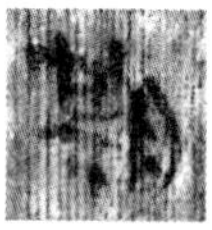
8-1252+8-1265　唯毋失期

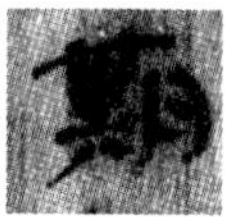
8-2083　▨失期九日

9-38　不如守府期會

有

0716

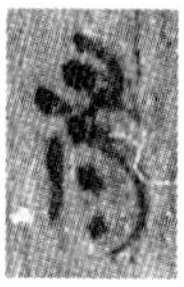
8-454 第三欄　縣官有買用錢

8-1761+8-1769　有不定者

8-1712+8-1811　▨病有郁癰

9-3a　有物故

9-1112a　唐亭旁有盜，可卌人

16-6a　有可令傳甲兵

朙

0717

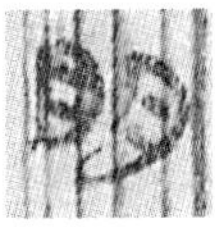

8-1562正　明渠　按：「明渠」，鳥名。

夕

0718

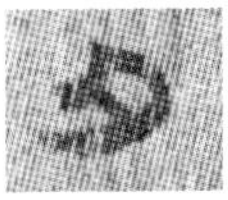

9-2294a+9-2305a+8-145正第五欄　一人作園：夕　按：「夕」，人名。

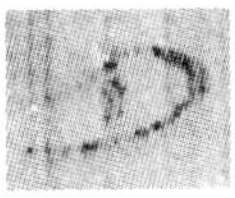

8-1823　卅三年十一月癸酉夕☐

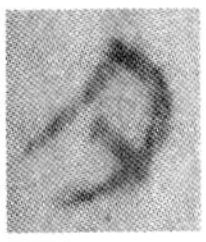

16-6b　戍申夕

夜

0719

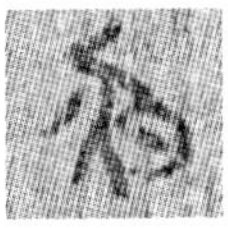

9-2294a+9-2305a+8-145正第四欄　林、嬈、粲、鮮、夜　按：「夜」，人名。

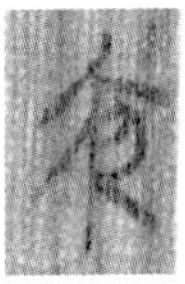

8-1523背　日夜

16-5a　日夜

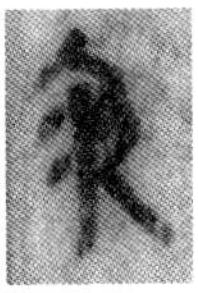

16-6a　日夜

外 0720

8-430　丹陽公卒外里弈　按：「外里」，地名。

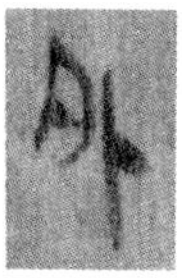

9-2350a　門外

多 0721

7-4a　欣敢多問

8-439+8-519+8-537+8-1899　多髮，未產須

8-659正+8-2008　多問

8-1443正+8-1455正　甘多　按：「甘多」，人名。

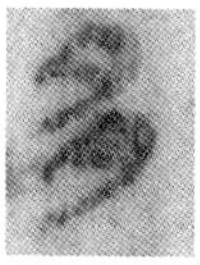

16-6a　輸甲兵當傳者多節傳之

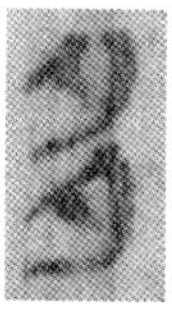

16-6a　興黔首可省少弗省少而多興者

虜 0722

8-757　治虜御史

8-1677　佐帶上虜課新武陵　按：「帶」，人名。

甬
甬
0723

8-572 ☐甬食簿☐　按：辭例殘缺。

8-982+8-1124 陽弩為☐甬布　按：語義不詳。

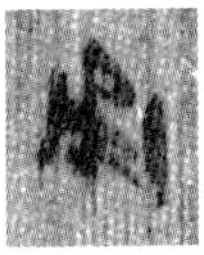

8-982+8-1124 今布十丈，☐甬二，皆不☐☐

㮚
㮚
0724

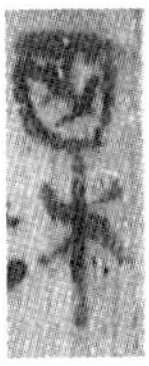

8-454 第二欄　園栗

粟
粟
0725

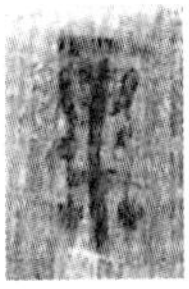

8-836+8-1779 粟廿九石

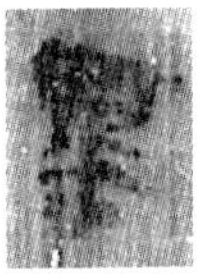

8-941 出粟一石九斗少半斗

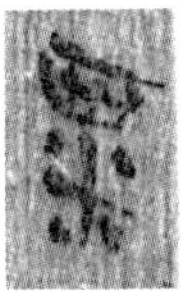

8-1081 徑廥粟二石

8-1525正　載粟

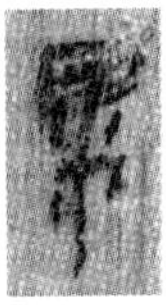

8-1576 粟米

齊 0726

12-1516 它縣當輸粟遷陵

9-2294a+9-2305a+8-145正第六欄 一人爲笥：齊 按：「齊」，人名。

8-1320 ▨齊受▨ 按：辭例殘缺。

8-834+8-1604 卅五年新買大奴曰齊▨ 按：「齊」，人名。

牘 0727

7-4a 柏幸賜欣一牘

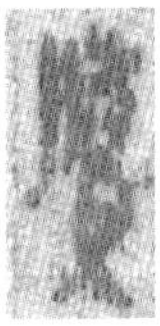

8-169正+8-233+8-407+8-416+8-1185 以次牘（續）食 按：「牘」，通「續」。

8-1203 者牘▨ 按：辭例殘缺。

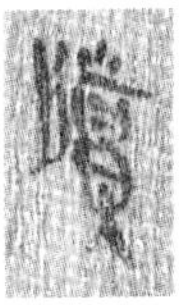

8-1494正 一牘

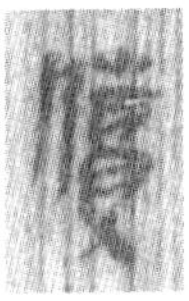

8-1517正 書吏徒上事尉府者牘北（背）

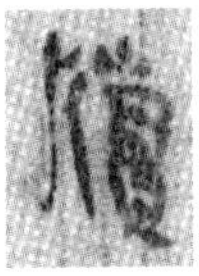

8-2144+8-2146第二欄 一人伐牘□▨

牒

牒

0728

8-135正 寫校券一牒

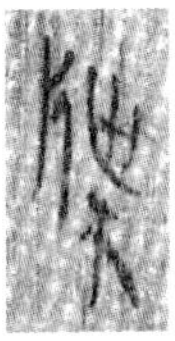

8-225+8-302+8-1339+8-1786 後書牒牘五上

8-235 ▨為式十一牒

8-1565正 今上其校一牒

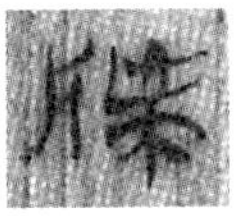

8-1715+8-1893 下十牒

9-1869a 貇（墾）田課一牒

鼎

0729

8-276 ☐鼎 按：「鼎」，《釋文》未釋，《校釋》釋「鼎」。辭例殘缺。

克

0730

16-2 鄉守士五泉中克 按：「克」，人名。

禾

0731

8-734背 禾稼

8-740正+8-2159正 ☐縣嗇夫上見禾稼☐

8-776 禾稼

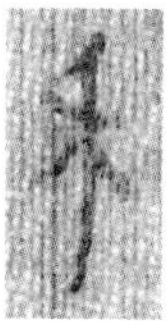

8-1245 粟禾

8-1246背 禾稼

8-1554正 禾稼

稼

0732

8-481第一欄　禾稼計

8-734背　禾稼　按：「稼」，字形右側略殘。

8-776　禾稼出入券

8-1554正　禾稼

8-2316　☐稼☐　按：辭例殘缺。

稃

0733

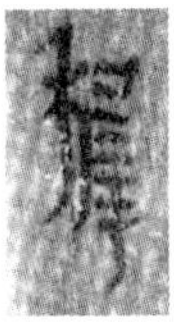

8-2093+8-2180　佐稃　按：「稃」，人名。

8-2210　☐臣稃　按：「稃」，人名。

私

0734

8-877+8-966　私留苑中

8-920　☐而私爲陽里大女子

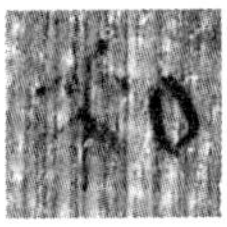

8-1232　私詣獄史王柏

8-1743背+8-2015背　私令

8-1817　私進令史芒季自發

12-853　私進令史相柏

齋

0735

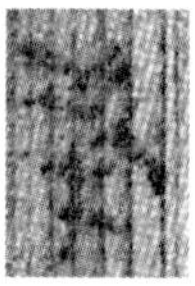

8-1452正　粢粟二石　按：「粢」，字形與《說文》或體同。

8-2014正　粢（資）中　按：「粢」，通「資」。「資中」，地名。

秫

0736

8-200正+8-296　秫卮秫求請得以卮求　按：似為習字簡。

8-200正+8-296　秫卮秫求請得以卮求　按：似為習字簡。

稻

0737

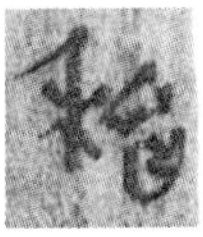

8-7　稻五斗

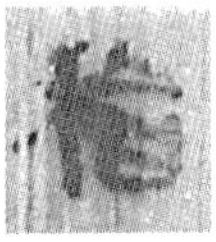

8-45+8-270　稻四

8-211　稻五斗

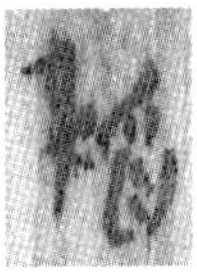

8-275　稻一石九斗少半斗

8-1794　稻一石二斗半斗

8-1905　稻一石九斗六升少半半升

秏

0738

8-183+8-290正+8-530正　上卌三年黔首息秏（耗）八牒　按：「秏」，通「耗」。

8-771正　秏（耗）二參　按：「秏」，通「耗」。

移

0739

8-122　言事守府及移書它縣須報

8-757　移治虜御史

8-1563正　移尉以展約日

8-487+8-2004正　移獄具集上

9-7a　移報

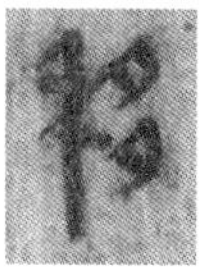

9-11a　移戍

穎

0740

8-161+8-307　穎陰　按：「穎陰」，地名。

8-161+8-307　穎陰　按：「穎陰」，地名。

穫

0741

8-143背+8-69背+8-2161背　史穫以來　按：「穫」，人名。

積 0742

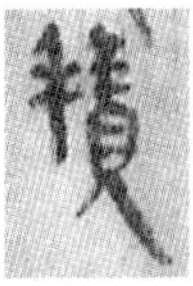

8-135正　以求故荊積瓦

8-552　遷陵積戶五萬五千五卅四

8-925+8-2195　積卅九日

8-1621　☐等四人，積各廿九日，日半斗

8-1143+8-1631第一欄　城旦鬼薪積九十人

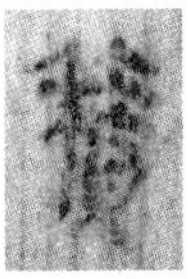

9-1369　☐遷陵隸臣妾積千四百☐

秩 0743

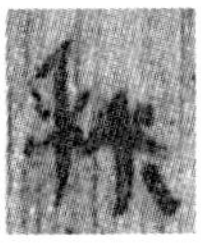

8-2106　有秩

8-2135　有秩

8-2135　有秩

8-2242　有秩

稾 0744

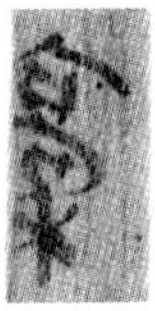

8-1483正　芻稾

季
0745

7-14 廿七季

8-9 卅二季

8-39 廿八季

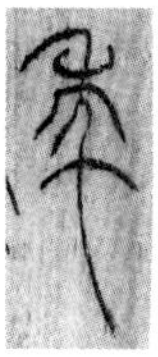
8-214 卅三季

8-906 卅四季

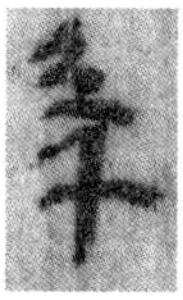
9-3a 卅三季

穀
0746

16-5a 史穀 按：「穀」，人名。

16-5a 嘉、穀、尉 按：「穀」，人名。

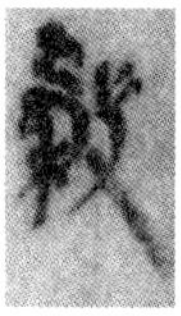
16-6a 史穀 按：「穀」，人名。

16-6a 嘉、穀、尉 按：「穀」，人名。

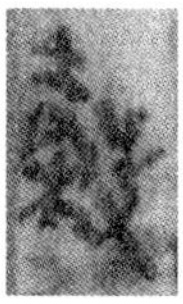
16-5a 嘉、穀、尉 按：「穀」，人名。

租

租

0747

8-488第一欄　租質計

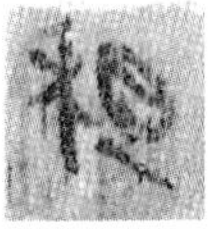

8-1180　租錢百廿

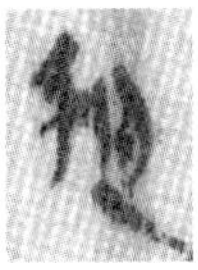

8-1519正　戶百五十二，租六百七十七石

8-1519背　租九十七石六斗

8-2226背+8-2227正　租質入錢

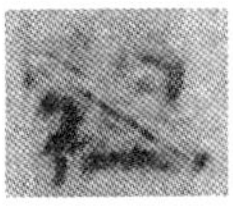

9-2296第二欄　租（組）纓一，度給縣用足　按：「租」，通「組」。

稅

稅

0748

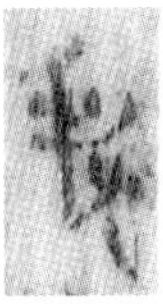

8-1519正　稅田四頃

稍

0749

8-427　稍入不能自給

秦

0750

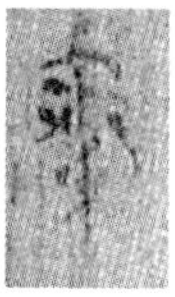

8-63背　胸忍索秦　按：「索秦」，地名。

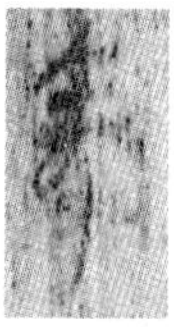

8-67正+8-652正　秦人

8-67正+8-652正　秦吏

程

0751

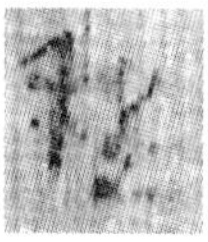

8-152正　恒程

8-153　御史問直絡裙程書

8-883　亦盡然各以程令□□

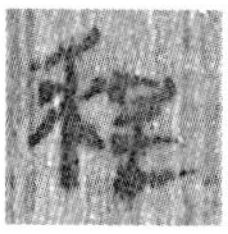

8-997　程令

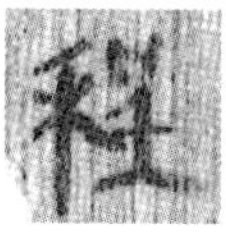

8-1139　☑□與死，過程四☑

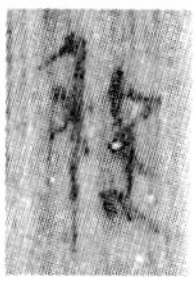

8-1356　課過程

秭 0752

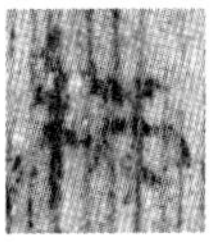

8-1516背　秭歸　按：「秭歸」，地名。

秏 0753

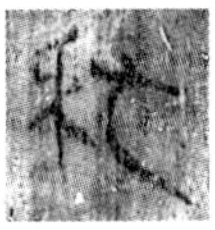

8-1033　陵毋枲秏二□白布廿四丈，秏□　按：「秏」，《釋文》釋「秏」，《校釋》釋「秏」。

8-1033　陵毋枲秏二□白布廿四丈，秏□　按：「秏」，《釋文》釋「秏」，《校釋》釋「秏」。

稷 0754

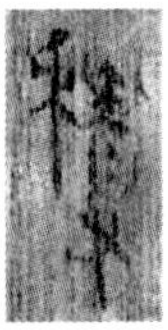

8-875　官相付受毋過壹稷

兼 0755

8-63正　兼手　按：「兼」，人名。

8-761　令史兼視平　按：「兼」，人名。

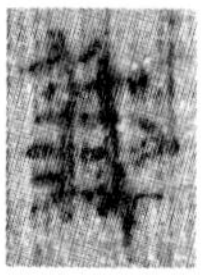

8-2247　令史兼視平　按：「兼」，人名。

黍

0756

14-656+15-434　黍米四斗

黎

0757

8-43　☐事渠黎☐爲庸，何解

米

0758

8-439+8-519+8-537+8-1899　米一石五斗

8-1361　☐需米百卅六　按：「米」，《釋文》釋「未」，《校釋》釋「米」。

8-1374

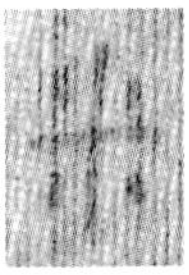

8-1374　☐取粟一斗，米粟它如前☐

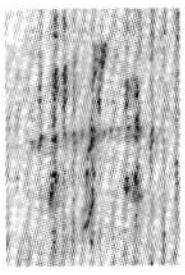

8-1576　粟米

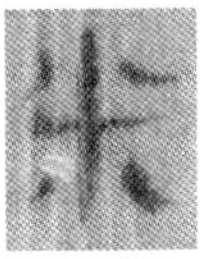

9-19a第二欄　出米二石

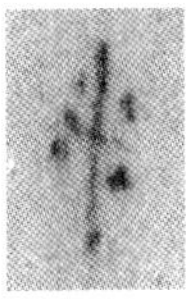

14-656+15-434　黍米

粲

0759

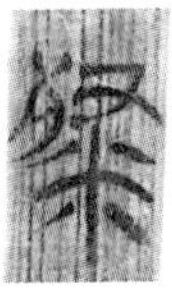

8-805　鬼薪白粲

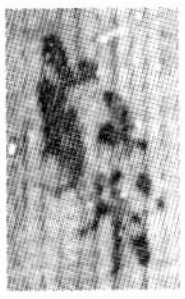

8-1279　舂白粲二人

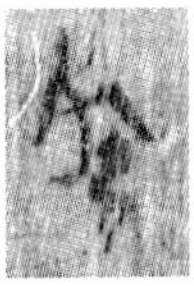

8-1207+8-1255+8-1323　白粲一人

8-1340　白粲一人

8-1143+8-1631第一欄　舂白粲積六十人

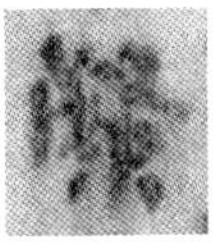

16-6a　鬼薪白粲

糴

0760

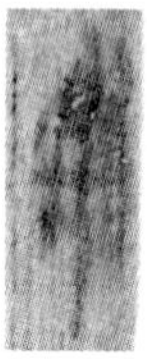

8-980　陽糴（翟）　按：「糴」，通「翟」。「陽翟」，地名。

12-1784a　縣所以令糴粟固各有數

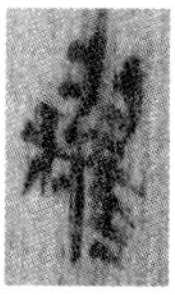

12-1784a　亟各上所糴粟數

氣

0761

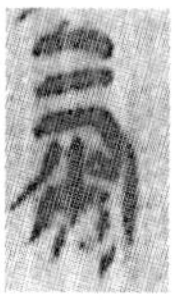

8-140正　氣手　按：「氣」，人名。

8-157背　氣手　按：「氣」，人名。

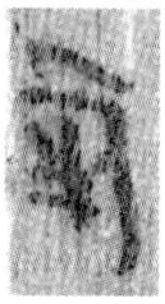

8-1241　令史氣視平　按：「氣」，人名。

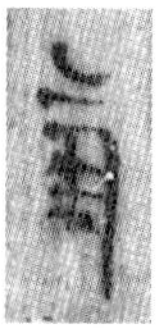

8-1042+8-1363　人病少氣者惡聞人聲

8-1550　令史氣視平　按：「氣」，人名。

竊

0762

8-1563正　尉守竊　按：「竊」，人名。

舂

0763

8-59　舂五十九人

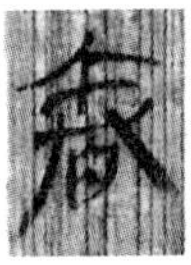

8-805　城旦舂

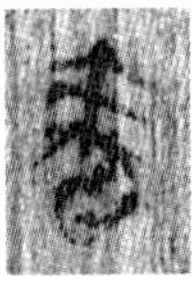

8-1069正+8-1434正+8-1520正　舂三人

8-1576　舂央芻等二☐

8-1143+8-1631第一欄　舂白粲積六十人

16-6a　城旦舂

里耶秦簡文字編・卷七下

枲
0764

8-913 枲參絇緘袤三丈四

8-1086 枲參絇緘袤三丈□☑

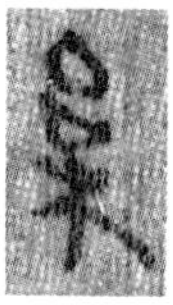
8-1188 參絇枲緘一☑

9-2296 第一欄 大枲卅六石廿四斤二兩廿二朱（銖）

韭
0765

8-1664 第三欄 韭 按：此行僅一字。

韱 0766

8-1239+8-1334　大女韱　按：「韱」，人名。

韰 0767

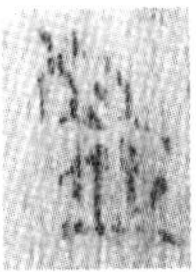

8-1620　韰（薤），曰壹更，尉（熨）熱□▨　按：「韰」，通「薤」。

瓜 0768

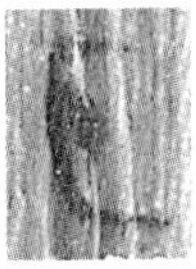

8-1022　獻冬瓜

家 0769

8-60正+8-656正+8-665正+8-748正　自言家能入

8-1394　未到家

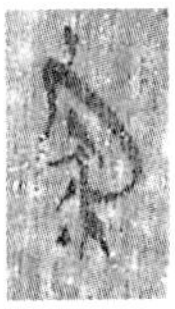

8-1730　▨□家入即爲　按：辭例殘缺。

9-3a　家貧

9-11a　家貧

12-2301　少內殷、佐處出稟家爲占入錢

宅 0770

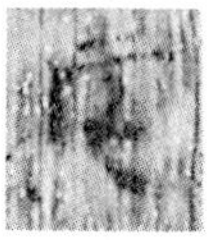

6-37　☐□□五攻六宅　按：語義不詳。「宅」，學者或讀為「尺」。

室 0771

8-104　☐室發賦皆☐　按：辭例殘缺。

8-445　固陽失自言：室遺廿八年衣用未得

8-1385　☐室田作　按：辭例殘缺。

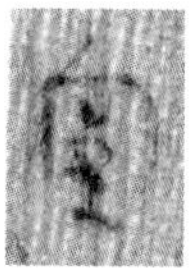

8-2250　日到室即□復□賜□☐

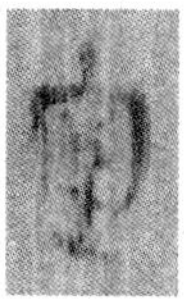

9-19a第二欄　出米二石予疾已室

宣

0772

8-170背　佐宣　按：「宣」，人名。

宛

0773

8-261　⧄☐宛　按：辭例殘缺。《校釋》疑為人名。

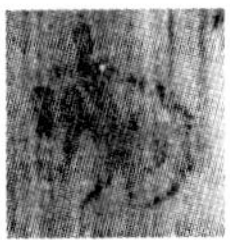

8-1017第二欄　一人取菅：宛　按：「宛」，人名。

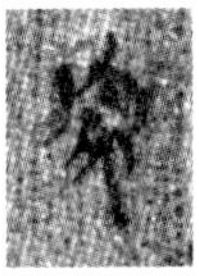

8-2034正　一人作務：宛　按：「宛」，人名。

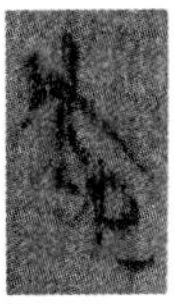

12-730　大隸妾宛六⧄　按：「宛」，人名。

宇
0774

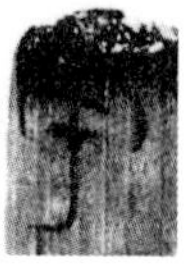
8-23　□宇伍長　按：「宇」，《釋文》未釋，《校釋》釋「宇」。辭例殘缺。

8-161+8-307　潁陰相來行田宇

定
0775

8-42+8-55　有不定者，謁令饒定

8-66正+8-208正　定手　按：「定」，人名。

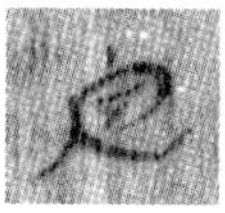
8-1490正+8-1518正　定籍

8-1761+8-1769　有不定者

12-1786+8-2265　定名

K1/25/50第三欄　子小上造定　按：「定」，人名。

安

0776

8-26　安平　按：「安平」，地名。

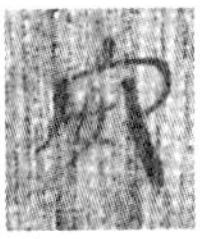

8-200背+8-296背　聿聿建安▨　按：習字簡。

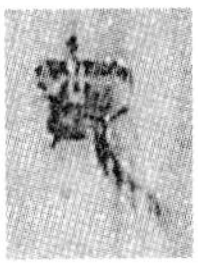

8-742正　謁告安□定以結□▨　按：辭例殘缺。

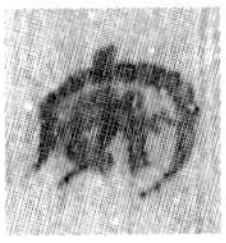

8-918　安成不更李□▨　按：「安成」，地名。

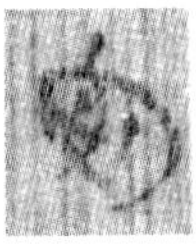

8-222+8-1039　安陽　按：「安陽」，地名。

8-222+8-1039　安陽　按：「安陽」，地名。

完

0777

8-291　▨完城旦▨　按：「完」，似為人名。辭例殘缺。

富

0778

8-1042+8-1363　以赤雄雞冠，完（丸）　按：「完」，通「丸」。

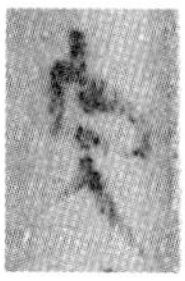

8-1554正　大奴良、完　按：「完」，人名。

8-1574+8-1787　完里　按：「完里」，地名。

8-56　佐富　按：「富」，人名。

8-81　佐富　按：「富」，人名。

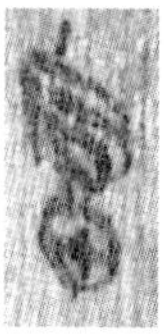

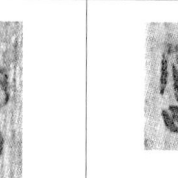

8-915　佐富　按：「富」，人名。

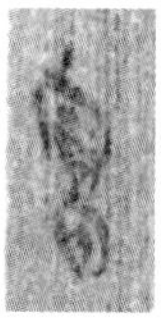

8-1545　富手　按：「富」，人名。

8-2091第一欄　☐☐☐有逮：富　按：「富」，人名。

實

0779

5-19　☐實焦□☐　按：辭例殘缺。

6-28　☐□其言恐走實不見☐　按：語義不詳。

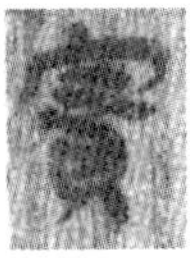

8-455第二欄　枝（枳）枸三木……卅四年不實

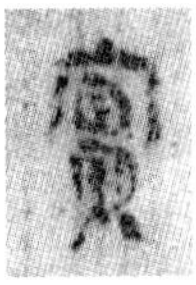

8-615　更實之☐

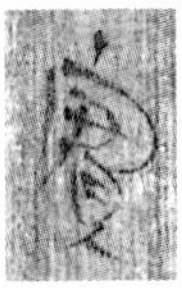

8-837　取堇芒群木實十☐

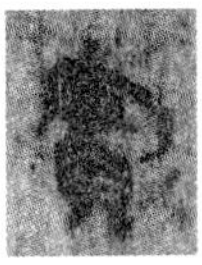

12-447b　書御它志實□在中官

容

0780

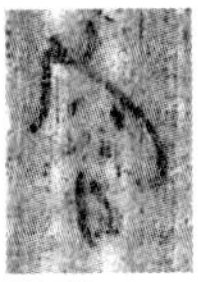

8-547+8-1068　容及其贖前書☐　按：「容」，人名。

8-1732　☐□朐忍診容及☐　按：「容」，人名。

容（續）

8-2152 隸大女子符容☐ 按：「符容」，人名。

8-2189 都鄉佐容 按：「容」，人名。

冗

0781

8-63正 煩冗佐署遷陵

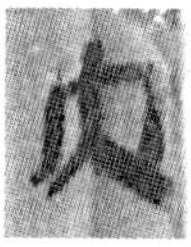
8-132第一欄 ☐冗募群戍卒百卅三人

8-1275 史冗公士

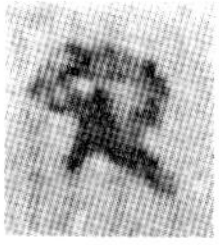
8-1555正第一欄 冗佐

8-2106 冗佐

守

0782

6-4 遷陵守丞

8-67 大（太）守府

8-839+8-901+8-926 倉守擇 按：「擇」，人名。

9-3a 陽陵守丞恬

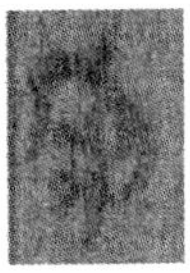
10-1347　司空守

10-1595a　下泰守令

16-1　洞庭泰守府

宜

0783

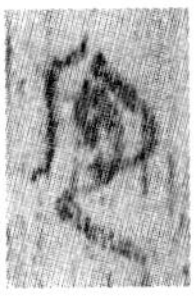
8-142正　凡六人捕羽：宜、委、□⍁　按：「宜」，人名。

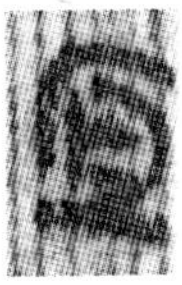
8-1027　成里戶人司寇宜　按：「宜」，人名。

8-1286　⍁忍樂陵宜　按：「宜」，人名。

8-1531正第二欄　四人級：不耆、宜、劾、它人　按：「宜」，人名。

8-1831　宜陽　按：「宜陽」，地名。

8-2246　武宜　按：「武宜」，地名。

寫 0784

8-21　寫移

8-63正　寫移

9-2294b+9-2305b+8-145背　寫上

8-2130　寫上

9-3a　寫上

16-6b　寫上

宵 0785

8-100.1　子不宵☐

9-2294a+9-2305a+8-145正第二欄　五人繕官：宵、金、𢡱、椑、鯉　按：「宵」，人名。

宿 0786

8-110+8-669正　雨留不能投宿齎

寬

0787

8-169正+8-233+8-407+8-416+8-1185　不能投宿齎　按：「宿」，《釋文》釋「窊」，《校釋》釋「宿」。

8-1517正　雨留不能投宿齎

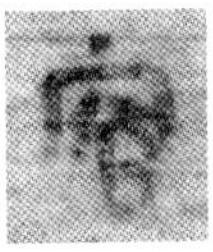

9-2287a　庚午宿盈夷鄉

8-167正+8-194正+8-472正+8-1011正　敬已遣寬　按：「寬」，《釋文》未釋，《校釋》釋「寬」。人名。

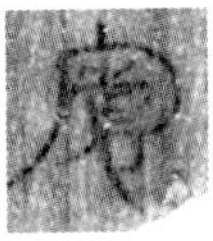

8-167正+8-194正+8-472+8-1011　校長寬　按：「寬」，《釋文》釋「褢」，《校釋》釋「寬」。人名。

8-987　充獄史不更寬　按：「寬」，《釋文》釋「褢」，《校釋》釋「寬」。人名。

寡 0788

8-19 第一欄　大夫寡三戶

8-1236+8-1791　大夫寡二戶

9-14a　寡婦

客 0789

6-6　客手　按：「客」，人名。

8-461 正第二欄　乘傳客爲都吏

12-140　李廣□□客晳色

寄 0790

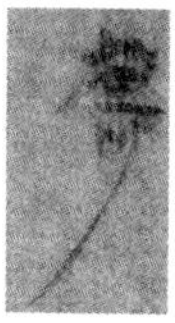

7-4b　如柏令寄芍敢謁之

8-1293 背+8-1459 背+8-1466 背　戍卒寄以來

8-1322+8-1849+8-1882　▨不識日誠演嘗取寄爲庸▨

8-1883　▨卅四□月中未賞敢寄爲

寒

0791

8-1495　寒盡死　按：「寒」，字形右側殘損。《釋文》未釋，《校釋》釋「寒」。

害

0792

5-19　☐□畏害所□☐　按：辭例殘缺。

8-209正　男子毋害　按：「毋害」，人名。

12-10b　越人以城邑反蠻、衾、害弗知

索

0793

8-63背　朐忍索秦士五狀以來　按：「索秦」，地名。

8-1841　史臣治索（索）故尉舍　按：「索」，同「索」。

9-712a+9-758a 臨沅下索、門淺、零陽、上衍 按：「索」，地名。

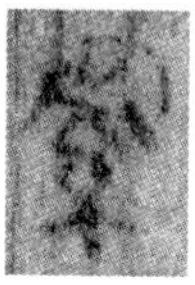
9-1112a 卒索 按：「索」，人名。

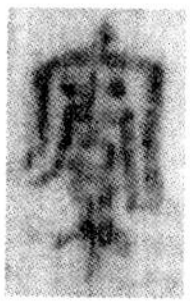
16-52 孱陵到索二百九十五里 按：「索」，地名。

宧 0794

8-429 資中宧登爽署遷陵書 按：「宧登」，地名。

8-657背 宧渠道 按：「宧渠道」，縣道名。

宗 0795

8-871 ☐城宗里黑 按：「宗里」，地名。

究 0796

8-458第一欄　甲究廿一

9-2045　計元年餘甲三百卌九、究廿一

宮 0797

8-461正第二欄　王宮曰□□□

呂 0798

7-4a　呂柏　按：「呂柏」，人名。

8-771正　呂柏　按：「呂柏」，人名。

8-2349　☐呂□☐　按：辭例殘缺。

窯 0799

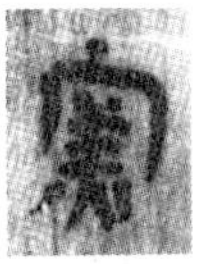

8-2030正　窯、銜有它辠　按：「窯」，人名。

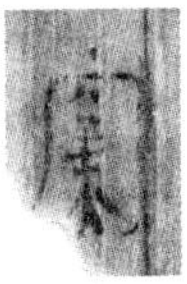

8-2040　窯☐　按：辭例殘缺。

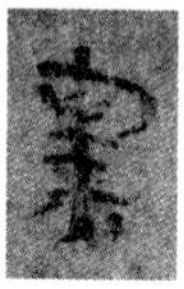

12-849a　貳春鄉窯敢言之　按：「窯」，人名。

竈

0800

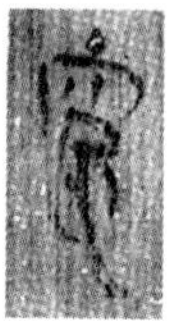

8-26+8-752正　上造廣武竈　按：「竈」，人名。

空

0801

7-304b　司空長史

8-9　司空徒▨

8-2008背　司空

9-7a　司空

9-1112a　不可空謁

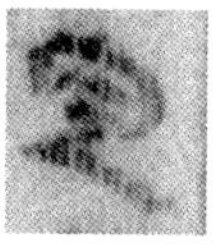

16-5b　司空倉主

竄

0802

8-1069正+8-1434正+8-1520正　一人紩（織）：竄　按：「竄」，《釋文》釋「竈」，《校釋》釋「竄」。人名。

窮

0803

8-970　臨沅論言事不窮審及　按：語義不詳。

8-2123　遷陵窮□　按：辭例殘缺。

窨

0804

8-907+8-923+8-1422　祠窨

8-993　祠窨

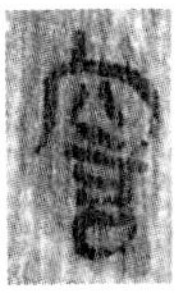

8-1162+8-1289+8-1709　祠窨

8-1055+8-1579　祠窨

疾

0805

8-159正　御史丞去疾　按：「去疾」，人名。

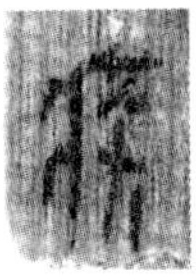

8-225+8-302+8-1339+8-1786　天雨血，賜有病身疾

9-19a 第二欄　出米二石予疾已室　按：「疾已」，人名。

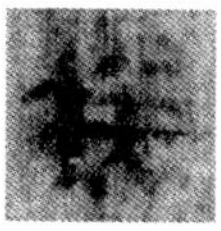

14-638　馬以傳食入疾

痛 0806

8-876　治暴心痛方

8-1221　病暴心痛灼灼者

8-1718　心腹痛

病 0807

7-4a　欣敢多問呂柏得毋病

8-72 背　☐一人病☐

8-630　☐□病有能治者言□☐

8-1042+8-1363　人病少氣者

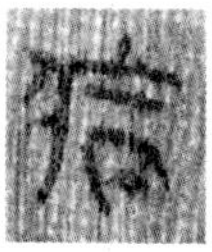

8-225+8-302+8-1339+8-1786　天雨血，賜有病身疾

8-1712+8-1811　☐病有郁癰

疵

0808

8-657背　平邑疵以來　按：「疵」，人名。

8-894　疵瑕

8-1472正第一欄　☐□武陵疵　按：「疵」，人名。

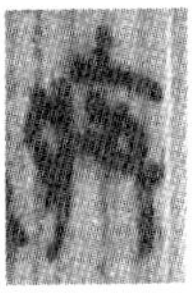

8-2008背第二欄　一人治船：疵　按：「疵」，人名。

㾷

0809

8-648正　今以初爲縣卒㾷死及傳槥書案致

8-1586第二欄　一人㾷

痤 0810

9-2294b+9-2305b+8-145背　痤手　按：「痤」，人名。

8-902　西中痤　按：「痤」，人名。

8-1032　監府致轂痤臨沅　按：「痤」，人名。

8-1517背　城父西中痤　按：「痤」，人名。

8-2275　☐令史痤　按：「痤」，人名。

癰 0811

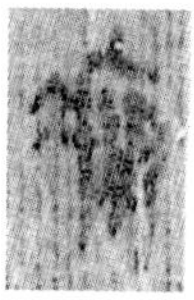

8-1057　治令金傷毋癰方

8-1712+8-1811　☐病有鄣癰☐

癘 0812

8-238+8-585　下妻曰京，癘，卅四年　按：「癘」，痳風病。

瘳

0813

8-790　瘳手　按：「瘳」，人名。

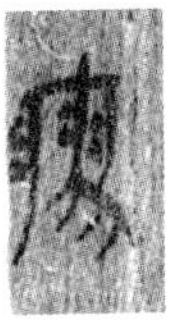

8-888+8-936+8-2202　瘳手　按：「瘳」，人名。

8-984　瘳手　按：「瘳」，人名。

8-1247　☑隸臣瘳　按：「瘳」，人名。

8-1361　瘳手　按：「瘳」，人名。

⿸疒無

0814

8-439+8-519+8-537+8-1899　零陽⿸疒無谿橋　按：「⿸疒無谿橋」，地名。

冠

0815

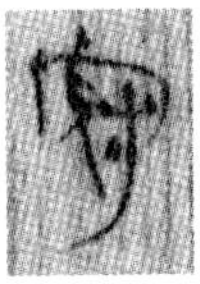

8-1042+8-1363　以赤雄雞冠

同
0816

8-892　⧄一枚十二同齒

8-893　一□二百六十六同齒受⧄

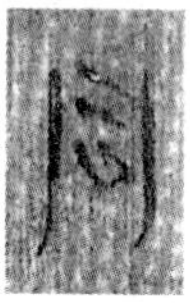

8-1108　同縣⧄

8-2137　⧄守囚文同羅⧄

9-29　同券齒

10-1157　同里　按：「同里」，地名。

最
0817

8-627　⧄卒歲未具者最⧄

8-815　作徒薄（簿）及最卅一⧄

8-988　舍人令佐最占　按：「最」，人名。

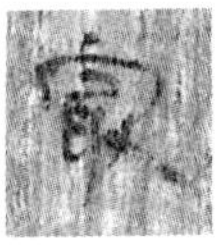
8-1221　取三指最（撮）　按：「最」，通「撮」。

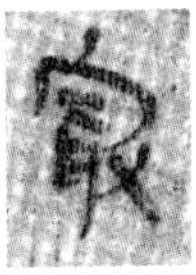
8-1559正　作徒薄（簿）及最卅牒

10-1170第一欄　卅四年十一月倉徒簿最

兩

0818

8-96　繭六兩

8-254+8-518　絲八斤十一兩八朱（銖）

8-254+8-518　繭十斤八兩

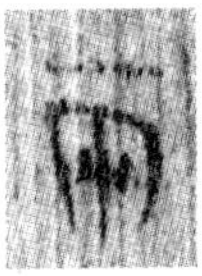
8-1224　啓兩臂

8-1237　箮□三兩

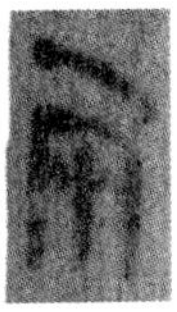
9-2045　☐緯四斤二兩

罪

0819

8-755正　皆有它罪

8-811+8-1572　得告戍卒贖耐罪惡　按：「惡」，人名。

8-775+8-884　贖罪

8-1418+8-1132　其罪節（即）重若益輕

羅

0820

8-326　☐羅　按：辭例殘缺。

8-567　☐人繕官府：羅☐　按：「羅」，人名。

8-569　二人繕官府：羅、桴　按：「羅」，人名。

8-1886　隸臣羅　按：「羅」，人名。

署

0821

8-63正　煩冗佐署遷陵

8-140正　署遷陵

8-197正　吏謁報署主吏發

8-746正+8-1588正　具署居反瀀爲非日爲報

9-3a　不智（知）何縣署

9-1112b　尉下亭鄣，署士吏謹備

罷

0822

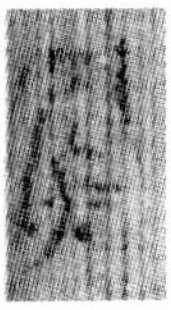

8-1977　☐□今捕者罷去

置

0823

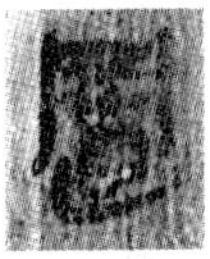

8-1271　☐□就告曰：置錢☐

罯

0824

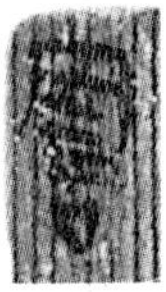

8-1562正　罯趙　按：「趙」，人名。

8-1562正　罯趙　按：「趙」，人名。

覆

覆

0825

8-135正　覆獄

8-141正+8-668正　□治獄及覆獄者

8-492　覆獄

8-632　覆獄

8-1897　覆獄

16-886a　鄢覆衣用

帶

帶

0826

8-1281　帶手　按：「帶」，人名。

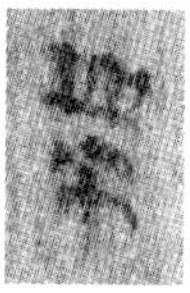

8-1550　啓陵鄉守帶　按：「帶」，人名。

8-1677　佐帶　按：「帶」，人名。

常

常

0827

8-1943　⧄貳春鄉要常　按：「要常」，似為人名。

帬 0828

8-152正　洞庭上帬直

8-153　御史問直絡帬程書

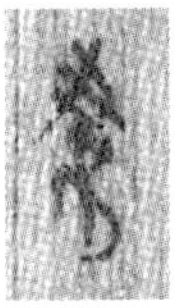

8-158正　令史下絡帬直書已到

8-159正　帬直

帷 0829

9-2296第一欄　錦帷二堵

9-2296第二欄　縑帷一堵

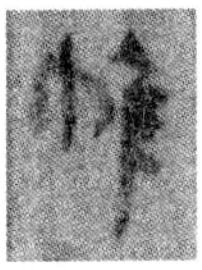

9-2296第二欄　布帷一堵

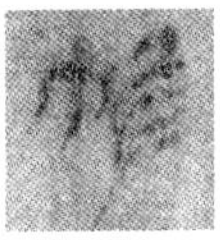

9-2296第三欄　縵帷二堵

幏 0830

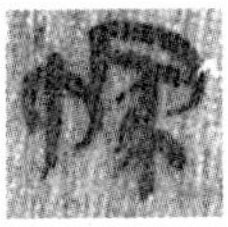

8-998　幏布四丈七尺　按：《釋文》釋「幏」，《校釋》釋「幏」。

帚 0831

8-798 ☐律閒閒閒帚帚　按：習字簡。

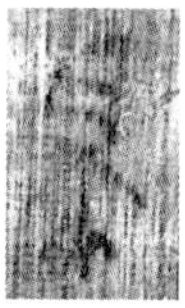

8-798 ☐律閒閒閒帚帚　按：習字簡。

席 0832

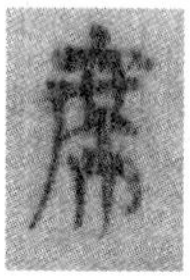

7-4a 辟席再拜

8-913 蒲席一

8-1346 蒲席

8-1346 平自席☐券

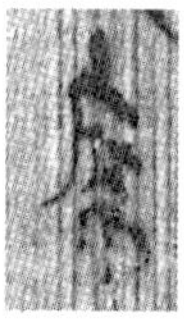

8-1686 出莞席十

8-2429背 蒲席　按：「席」，《釋文》未釋，《校釋》釋「席」。

布 0833

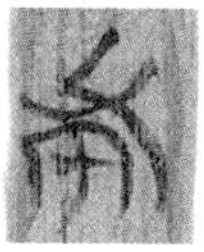

5-7 ☐布四尋☐

6-18 遷陵金布

7-286 白布

8-454 第一欄　課上金布副

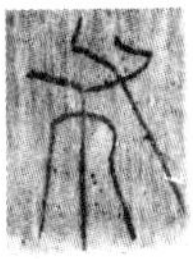

8-1776　廷金布

9-3b　布發敢言之

錦

錦

0834

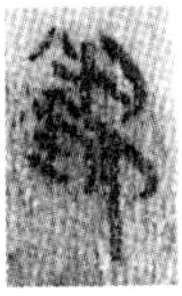

8-1751+8-2207　錦繒一丈五尺八寸

8-891+8-933+8-2204　錦繒一丈五尺

白

白

0835

7-286　白布

8-529 正　白布

8-805　鬼薪白粲

8-988　白皙色

9-10a　勝白　按：「勝白」，人名。

16-5a　鬼薪白粲

皙

皙

0836

8-534　白皙色

8-550　嬙皙色，長二尺五寸　按：「嬙」，人名。

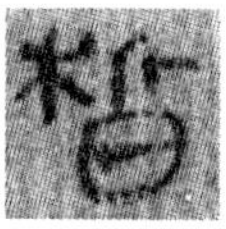

8-550 浮晢色，長六尺六寸 按：「浮」，人名。

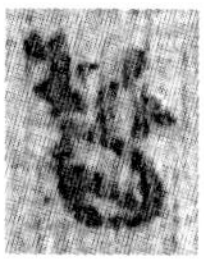

8-894 黃晢色，隋（橢）面

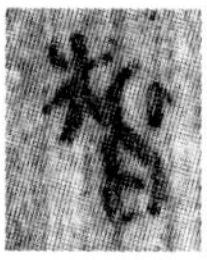

8-988 白晢色

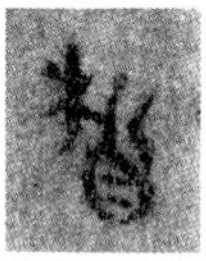

12-140 李廣□□客晢色

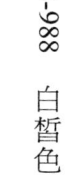